ÁRABE
VOCABULARIO

PALABRAS MÁS USADAS

ESPAÑOL-ÁRABE

Las palabras más útiles
Para expandir su vocabulario y refinar
sus habilidades lingüísticas

7000 palabras

Vocabulario Español-Árabe - 7000 palabras más usadas
por Andrey Taranov

Los vocabularios de T&P Books buscan ayudar en el aprendizaje, la memorización y la revisión de palabras de idiomas extranjeros. El diccionario se divide por temas, cubriendo toda la esfera de las actividades cotidianas, de negocios, ciencias, cultura, etc.

El proceso de aprendizaje de palabras utilizando los diccionarios temáticos de T&P Books le proporcionará a usted las siguientes ventajas:

- La información del idioma secundario está organizada claramente y predetermina el éxito para las etapas subsiguientes en la memorización de palabras.
- Las palabras derivadas de la misma raíz se agrupan, lo cual permite la memorización de grupos de palabras en vez de palabras aisladas.
- Las unidades pequeñas de palabras facilitan el proceso de reconocimiento de enlaces de asociación que se necesitan para la cohesión del vocabulario.
- De este modo, se puede estimar el número de palabras aprendidas y así también el nivel de conocimiento del idioma.

T&P Books Publishing
www.tpbooks.com

ISBN: 978-1-78716-736-0

Este libro está disponible en formato electrónico o de E-Book también.
Visite www.tpbooks.com o las librerías electrónicas más destacadas en la Red.

VOCABULARIO ÁRABE
palabras más usadas

Los vocabularios de T&P Books buscan ayudar al aprendiz a aprender, memorizar y repasar palabras de idiomas extranjeros. Los vocabularios contienen más de 7000 palabras comúnmente usadas y organizadas de manera temática.

* El vocabulario contiene las palabras corrientes más usadas.
* Se recomienda como ayuda adicional a cualquier curso de idiomas.
* Capta las necesidades de aprendices de nivel principiante y avanzado.
* Es conveniente para uso cotidiano, prácticas de revisión y actividades de auto-evaluación.
* Facilita la evaluación del vocabulario.

Aspectos claves del vocabulario

* Las palabras se organizan según el significado, no según el orden alfabético.
* Las palabras se presentan en tres columnas para facilitar los procesos de repaso y auto-evaluación.
* Los grupos de palabras se dividen en pequeñas secciones para facilitar el proceso de aprendizaje.
* El vocabulario ofrece una transcripción sencilla y conveniente de cada palabra extranjera.

El vocabulario contiene 198 temas que incluyen lo siguiente:

Conceptos básicos, números, colores, meses, estaciones, unidades de medidas, ropa y accesorios, comida y nutrición, restaurantes, familia nuclear, familia extendida, características de personalidad, sentimientos, emociones, enfermedades, la ciudad y el pueblo, exploración del paisaje, compras, finanzas, la casa, el hogar, la oficina, el trabajo en oficina, importación y exportación, promociones, búsqueda de trabajo, deportes, educación, computación, la red, herramientas, la naturaleza, los países, las nacionalidades y más ...

TABLA DE CONTENIDO

GUÍA DE PRONUNCIACIÓN

T&P alfabeto fonético	Ejemplo Árabe	Ejemplo español
[a]	طفَّى [ṭaffa]	radio
[ā]	إختار [iχtār]	contraataque
[e]	هامبورجر [hamburger]	verano
[i]	زفاف [zifāf]	ilegal
[ī]	أبريل [abrīl]	destino
[u]	كلكتا [kalkutta]	mundo
[ū]	جاموس [ʒāmūs]	nocturna
[b]	بداية [bidāya]	en barco
[d]	سعادة [sa‘āda]	desierto
[ḍ]	وضع' [waḍ‘]	[d] faríngea
[ʒ]	الأرجنتين [arʒantīn]	adyacente
[ð]	تذكار [tiðkār]	alud
[ẓ]	ظهر [ẓahar]	[z] faríngea
[f]	خفيف [χafīf]	golf
[g]	جولف [gūlf]	jugada
[h]	إتّجاه [ittiʒāh]	registro
[ḥ]	أحبّ [aḥabb]	[h] faríngea
[y]	ذهبيَ [ðahabiy]	asiento
[k]	كرسيَ [kursiy]	charco
[l]	لمح [lamaḥ]	lira
[m]	مرصد [marṣad]	nombre
[n]	جنوب [ʒanūb]	sonar
[p]	كابتشينو [kaputʃīnu]	precio
[q]	وثق [waθiq]	catástrofe
[r]	روح [rūḥ]	era, alfombra
[s]	سخريَة [suχriyya]	salva
[ṣ]	معصم [mi‘ṣam]	[s] faríngea
[ʃ]	عشاء' ['aʃā']	shopping
[t]	تنَوب [tannūb]	torre
[ṭ]	خريطة [χarīṭa]	[t] faríngea
[θ]	ماموث [mamūθ]	pinzas
[v]	فيتنام [vitnām]	travieso
[w]	ودَع' [wadda‘]	acuerdo
[χ]	بخيل [baχīl]	reloj
[ɣ]	تغدَى [taɣadda]	amigo, magnífico
[z]	ماعز [mā‘iz]	desde
['] (ayn)	سبعة [sab‘a]	fricativa faríngea sonora
['] (hamza)	سأل [sa‘al]	oclusiva glotal sorda

ABREVIATURAS
usadas en el vocabulario

Abreviatura en Árabe

du	- sustantivo plural (doble)
f	- sustantivo femenino
m	- sustantivo masculino
pl	- plural

Abreviatura en español

adj	- adjetivo
adv	- adverbio
anim.	- animado
conj	- conjunción
etc.	- etcétera
f	- sustantivo femenino
f pl	- femenino plural
fam.	- uso familiar
fem.	- femenino
form.	- uso formal
inanim.	- inanimado
innum.	- innumerable
m	- sustantivo masculino
m pl	- masculino plural
m, f	- masculino, femenino
masc.	- masculino
mat	- matemáticas
mil.	- militar
num.	- numerable
p.ej.	- por ejemplo
pl	- plural
pron	- pronombre
sg	- singular
v aux	- verbo auxiliar
vi	- verbo intransitivo
vi, vt	- verbo intransitivo, verbo transitivo
vr	- verbo reflexivo
vt	- verbo transitivo

CONCEPTOS BÁSICOS

Conceptos básicos. Unidad 1

1. Los pronombres

yo	ana	أنا
tú (masc.)	anta	أنت
tú (fem.)	anti	أنت
él	huwa	هو
ella	hiya	هي
nosotros, -as	naḥnu	نحن
vosotros, -as	antum	أنتم
ellos, ellas	hum	هم

2. Saludos. Salutaciones. Despedidas

¡Hola! (form.)	as salāmu ʿalaykum!	السلام عليكم!
¡Buenos días!	ṣabāḥ al ẖayr!	صباح الخير!
¡Buenas tardes!	nahārak saʿīd!	نهارك سعيد!
¡Buenas noches!	masāʾ al ẖayr!	مساء الخير!

decir hola	sallam	سلّم
¡Hola! (a un amigo)	salām!	سلام!
saludo (m)	salām (m)	سلام
saludar (vt)	sallam ʿala	سلّم على
¿Cómo estás?	kayfa ḥāluka?	كيف حالك؟
¿Qué hay de nuevo?	ma aẖbārak?	ما أخبارك؟

¡Chau! ¡Adiós!	maʿ as salāma!	مع السلامة!
¡Hasta pronto!	ilal liqāʾ!	إلى اللقاء!
¡Adiós!	maʿ as salāma!	مع السلامة!
despedirse (vr)	waddaʿ	ودع
¡Hasta luego!	bay bay!	باي باي!

¡Gracias!	ʃukran!	شكرًا!
¡Muchas gracias!	ʃukran ʒazīlan!	شكرًا جزيلًا!
De nada	ʿafwan	عفوا
No hay de qué	la ʃukr ʿala wāʒib	لا شكر على واجب
De nada	al ʿafw	العفو

¡Disculpa!	ʿan iðnak!	عن أذنك!
¡Disculpe!	ʿafwan!	عفوًا!
disculpar (vt)	ʿaðar	عذر
disculparse (vr)	iʿtaðar	إعتذر
Mis disculpas	ana ʾāsif	أنا آسف

¡Perdóneme!	la tu'āχiðni!	لا تؤاخذني!
perdonar (vt)	'afa	عفا
por favor	min faḍlak	من فضلك

¡No se le olvide!	la tansa!	لا تنس!
¡Ciertamente!	ṭab'an!	طبعًا!
¡Claro que no!	abadan!	أبدًا!
¡De acuerdo!	ittafaqna!	إتفقنا!
¡Basta!	kifāya!	كفاية!

3. Números cardinales. Unidad 1

cero	ṣifr	صفر
uno	wāḥid	واحد
una	wāḥida	واحدة
dos	iθnān	إثنان
tres	θalāθa	ثلاثة
cuatro	arba'a	أربعة

cinco	χamsa	خمسة
seis	sitta	ستّة
siete	sab'a	سبعة
ocho	θamāniya	ثمانية
nueve	tis'a	تسعة

diez	'aʃara	عشرة
once	aḥad 'aʃar	أحد عشر
doce	iθnā 'aʃar	إثنا عشر
trece	θalāθat 'aʃar	ثلاثة عشر
catorce	arba'at 'aʃar	أربعة عشر

quince	χamsat 'aʃar	خمسة عشر
dieciséis	sittat 'aʃar	ستّة عشر
diecisiete	sab'at 'aʃar	سبعة عشر
dieciocho	θamāniyat 'aʃar	ثمانية عشر
diecinueve	tis'at 'aʃar	تسعة عشر

veinte	'iʃrūn	عشرون
veintiuno	wāḥid wa 'iʃrūn	واحد وعشرون
veintidós	iθnān wa 'iʃrūn	إثنان وعشرون
veintitrés	θalāθa wa 'iʃrūn	ثلاثة وعشرون

treinta	θalāθīn	ثلاثون
treinta y uno	wāḥid wa θalāθūn	واحد وثلاثون
treinta y dos	iθnān wa θalāθūn	إثنان وثلاثون
treinta y tres	θalāθa wa θalāθūn	ثلاثة وثلاثون

cuarenta	arba'ūn	أربعون
cuarenta y uno	wāḥid wa arba'ūn	واحد وأربعون
cuarenta y dos	iθnān wa arba'ūn	إثنان وأربعون
cuarenta y tres	θalāθa wa arba'ūn	ثلاثة وأربعون

| cincuenta | χamsūn | خمسون |
| cincuenta y uno | wāḥid wa χamsūn | واحد وخمسون |

| cincuenta y dos | iθnān wa χamsūn | إثنان وخمسون |
| cincuenta y tres | θalāθa wa χamsūn | ثلاثة وخمسون |

sesenta	sittūn	ستّون
sesenta y uno	wāḥid wa sittūn	واحد وستّون
sesenta y dos	iθnān wa sittūn	إثنان وستّون
sesenta y tres	θalāθa wa sittūn	ثلاثة وستّون

setenta	sabʿūn	سبعون
setenta y uno	wāḥid wa sabʿūn	واحد وسبعون
setenta y dos	iθnān wa sabʿūn	إثنان وسبعون
setenta y tres	θalāθa wa sabʿūn	ثلاثة وسبعون

ochenta	θamānūn	ثمانون
ochenta y uno	wāḥid wa θamānūn	واحد وثمانون
ochenta y dos	iθnān wa θamānūn	إثنان وثمانون
ochenta y tres	θalāθa wa θamānūn	ثلاثة وثمانون

noventa	tisʿūn	تسعون
noventa y uno	wāḥid wa tisʿūn	واحد وتسعون
noventa y dos	iθnān wa tisʿūn	إثنان وتسعون
noventa y tres	θalāθa wa tisʿūn	ثلاثة وتسعون

4. Números cardinales. Unidad 2

cien	miʾa	مائة
doscientos	miʾatān	مائتان
trescientos	θalāθumiʾa	ثلاثمائة
cuatrocientos	rubʿumiʾa	أربعمائة
quinientos	χamsumiʾa	خمسمائة

seiscientos	sittumiʾa	ستّمائة
setecientos	sabʿumiʾa	سبعمائة
ochocientos	θamānimiʾa	ثمانمائة
novecientos	tisʿumiʾa	تسعمائة

mil	alf	ألف
dos mil	alfān	ألفان
tres mil	θalāθat ʾālāf	ثلاثة آلاف
diez mil	ʿaʃarat ʾālāf	عشرة آلاف
cien mil	miʾat alf	مائة ألف
millón (m)	milyūn (m)	مليون
mil millones	milyār (m)	مليار

5. Números. Fracciones

fracción (f)	kasr (m)	كسر
un medio	niṣf	نصف
un tercio	θulθ	ثلث
un cuarto	rubʿ	ربع
un octavo	θumn	ثمن
un décimo	ʿuʃr	عشر

| dos tercios | θulθān | ثلثان |
| tres cuartos | talātit arbāʿ | ثلاثة أرباع |

6. Números. Operaciones básicas

sustracción (f)	ṭarḥ (m)	طرح
sustraer (vt)	ṭaraḥ	طرح
división (f)	qisma (f)	قسمة
dividir (vt)	qasam	قسم

adición (f)	ʒamʿ (m)	جمع
sumar (totalizar)	ʒamaʿ	جمع
adicionar (vt)	ʒamaʿ	جمع
multiplicación (f)	ḍarb (m)	ضرب
multiplicar (vt)	ḍarab	ضرب

7. Números. Miscelánea

cifra (f)	raqm (m)	رقم
número (m) (~ cardinal)	ʿadad (m)	عدد
numeral (m)	ism al ʿadad (m)	إسم العدد
menos (m)	nāqiṣ (m)	ناقص
más (m)	zāʾid (m)	زائد
fórmula (f)	ṣīɣa (f)	صيغة

cálculo (m)	ḥisāb (m)	حساب
contar (vt)	ʿadd	عدّ
calcular (vt)	ḥasab	حسب
comparar (vt)	qāran	قارن

¿Cuánto?	kam?	كم؟
suma (f)	maʒmūʿ (m)	مجموع
resultado (m)	natīʒa (f)	نتيجة
resto (m)	al bāqi (m)	الباقي

algunos, algunas …	ʿiddat	عدّة
poco (adv)	qalīl	قليل
resto (m)	al bāqi (m)	الباقي
uno y medio	wāḥid wa niṣf (m)	واحد ونصف
docena (f)	iθnā ʿaʃar (f)	إثنا عشر

en dos	ila ʃaṭrayn	إلى شطرين
en partes iguales	bit tasāwi	بالتساوى
mitad (f)	niṣf (m)	نصف
vez (f)	marra (f)	مرّة

8. Los verbos más importantes. Unidad 1

| abrir (vt) | fataḥ | فتح |
| acabar, terminar (vt) | atamm | أتمّ |

aconsejar (vt)	naṣaḥ	نصح
adivinar (vt)	ҳamman	خمّن
advertir (vt)	ḥaððar	حذّر
alabarse, jactarse (vr)	tabāha	تباهى
almorzar (vi)	taɣadda	تغدّى
alquilar (~ una casa)	istaʾӡar	إستأجر
amenazar (vt)	haddad	هدّد
arrepentirse (vr)	nadim	ندم
ayudar (vt)	sāʿad	ساعد
bañarse (vr)	sabaḥ	سبح
bromear (vi)	mazaḥ	مزح
buscar (vt)	baḥaθ	بحث
caer (vi)	saqaṭ	سقط
callarse (vr)	sakat	سكت
cambiar (vt)	ɣayyar	غيّر
castigar, punir (vt)	ʾāqab	عاقب
cavar (vt)	ḥafar	حفر
cazar (vi, vt)	iṣṭād	إصطاد
cenar (vi)	taʿaʃʃa	تعشّى
cesar (vt)	tawaqqaf	توقّف
coger (vt)	amsak	أمسك
comenzar (vt)	badaʾ	بدأ
comparar (vt)	qāran	قارن
comprender (vt)	fahim	فهم
confiar (vt)	waθiq	وثق
confundir (vt)	iҳtalaṭ	إختلط
conocer (~ a alguien)	ʾaraf	عرف
contar (vt) (enumerar)	ʾadd	عدّ
contar con …	iʿtamad ʿala …	إعتمد على...
continuar (vt)	istamarr	إستمرّ
controlar (vt)	taḥakkam	تحكّم
correr (vi)	ӡara	جرى
costar (vt)	kallaf	كلّف
crear (vt)	ҳalaq	خلق

9. Los verbos más importantes. Unidad 2

dar (vt)	aʿṭa	أعطى
dar una pista	aʿṭa talmīḥ	أعطى تلميمًا
decir (vt)	qāl	قال
decorar (para la fiesta)	zayyan	زيّن
defender (vt)	dāfaʿ	دافع
dejar caer	awqaʿ	أوقع
desayunar (vi)	afṭar	أفطر
descender (vi)	nazil	نزل
dirigir (administrar)	adār	أدار
disculparse (vr)	iʿtaðar	إعتذر

| discutir (vt) | nāqaʃ | ناقش |
| dudar (vt) | ʃakk fi | شكّ في |

encontrar (hallar)	waȝad	وجد
engañar (vi, vt)	χadaʿ	خدع
entrar (vi)	daχal	دخل
enviar (vt)	arsal	أرسل

equivocarse (vr)	aχtaʾ	أخطأ
escoger (vt)	iχtār	إختار
esconder (vt)	χabaʾ	خبأ
escribir (vt)	katab	كتب
esperar (aguardar)	intazar	إنتظر

esperar (tener esperanza)	tamanna	تمنّى
estar de acuerdo	ittafaq	إتّفق
estudiar (vt)	daras	درس

exigir (vt)	tālib	طالب
existir (vi)	kān mawȝūd	كان موجودًا
explicar (vt)	ʃaraḥ	شرح
faltar (a las clases)	γāb	غاب
firmar (~ el contrato)	waqqaʿ	وقّع

girar (~ a la izquierda)	inʿataf	إنعطف
gritar (vi)	saraχ	صرخ
guardar (conservar)	ḥafaz	حفظ
gustar (vi)	aʿȝab	أعجب
hablar (vi, vt)	takallam	تكلّم

hacer (vt)	ʿamal	عمل
informar (vt)	aχbar	أخبر
insistir (vi)	asarr	أصرّ
insultar (vt)	ahān	أهان

interesarse (vr)	ihtamm	إهتمّ
invitar (vt)	daʿa	دعا
ir (a pie)	maʃa	مشى
jugar (divertirse)	laʿib	لعب

10. Los verbos más importantes. Unidad 3

leer (vi, vt)	qaraʾ	قرأ
liberar (ciudad, etc.)	ḥarrar	حرّر
llamar (por ayuda)	istaγāθ	إستغاث
llegar (vi)	wasal	وصل
llorar (vi)	baka	بكى

matar (vt)	qatal	قتل
mencionar (vt)	ðakar	ذكر
mostrar (vt)	ʿaraḍ	عرض
nadar (vi)	sabaḥ	سبح
negarse (vr)	rafaḍ	رفض
objetar (vt)	iʿtaraḍ	إعترض

| observar (vt) | rāqab | راقب |
| oír (vt) | sami' | سمع |

olvidar (vt)	nasiy	نسي
orar (vi)	ṣalla	صلّى
ordenar (mil.)	amar	أمر
pagar (vi, vt)	dafa'	دفع
pararse (vr)	waqaf	وقف

participar (vi)	iʃtarak	إشترك
pedir (ayuda, etc.)	ṭalab	طلب
pedir (en restaurante)	ṭalab	طلب
pensar (vi, vt)	ẓann	ظنّ

percibir (ver)	lāḥaẓ	لاحظ
perdonar (vt)	'afa	عفا
permitir (vt)	raxxaṣ	رخّص
pertenecer a …	xaṣṣ	خصّ

planear (vt)	xaṭṭaṭ	خطّط
poder (v aux)	istaṭā'	إستطاع
poseer (vt)	malak	ملك
preferir (vt)	faḍḍal	فضّل
preguntar (vt)	sa'al	سأل

preparar (la cena)	ḥaḍḍar	حضّر
prever (vt)	tanabba'	تنبّأ
probar, tentar (vt)	ḥāwal	حاول
prometer (vt)	wa'ad	وعد
pronunciar (vt)	naṭaq	نطق

proponer (vt)	iqtaraḥ	إقترح
quebrar (vt)	kasar	كسر
quejarse (vr)	ʃaka	شكا
querer (amar)	aḥabb	أحبّ
querer (desear)	arād	أراد

11. Los verbos más importantes. Unidad 4

recomendar (vt)	naṣaḥ	نصح
regañar, reprender (vt)	wabbax	وبّخ
reírse (vr)	ḍaḥik	ضحك
repetir (vt)	karrar	كرّر
reservar (~ una mesa)	ḥaʒaz	حجز
responder (vi, vt)	aʒāb	أجاب

robar (vt)	saraq	سرق
saber (~ algo mas)	'araf	عرف
salir (vi)	xaraʒ	خرج
salvar (vt)	anqað	أنقذ
seguir …	taba'	تبع
sentarse (vr)	ʒalas	جلس
ser necesario	kān maṭlūb	كان مطلوبا
ser, estar (vi)	kān	كان

significar (vt)	'ana	عنى
sonreír (vi)	ibtasam	إبتسم
sorprenderse (vr)	indahaʃ	إندهش

subestimar (vt)	istaχaff	إستخفَ
tener (vt)	malak	ملك
tener hambre	arād an ya'kul	أراد أن يأكل
tener miedo	χāf	خاف

tener prisa	istaʒal	إستعجل
tener sed	arād an yaʃrab	أراد أن يشرب
tirar, disparar (vi)	aṭlaq an nār	أطلق النار
tocar (con las manos)	lamas	لمس
tomar (vt)	aχað	أخذ
tomar nota	katab	كتب

trabajar (vi)	'amal	عمل
traducir (vt)	tarʒam	ترجم
unir (vt)	waḥḥad	وحّد
vender (vt)	bāʿ	باع
ver (vt)	ra'a	رأى
volar (pájaro, avión)	ṭār	طار

12. Los colores

color (m)	lawn (m)	لون
matiz (m)	daraʒat al lawn (m)	درجة اللون
tono (m)	ṣabɣit lūn (f)	لون
arco (m) iris	qaws quzaḥ (m)	قوس قزح

blanco (adj)	abyaḍ	أبيض
negro (adj)	aswad	أسود
gris (adj)	ramādiy	رماديَ

verde (adj)	aχḍar	أخضر
amarillo (adj)	aṣfar	أصفر
rojo (adj)	aḥmar	أحمر

azul (adj)	azraq	أزرق
azul claro (adj)	azraq fātiḥ	أزرق فاتح
rosa (adj)	wardiy	ورديَ
naranja (adj)	burtuqāliy	برتقاليَ
violeta (adj)	banafsaʒiy	بنفسجي
marrón (adj)	bunniy	بنيَ

| dorado (adj) | ðahabiy | ذهبيَ |
| argentado (adj) | fiḍḍiy | فضيَ |

beige (adj)	bɛːʒ	بيج
crema (adj)	'āʒiy	عاجيَ
turquesa (adj)	fayrūziy	فيروزيَ
rojo cereza (adj)	karaziy	كرزيَ
lila (adj)	laylakiy	ليلكيَ
carmesí (adj)	qirmiziy	قرمزيَ

claro (adj)	fātiḥ	فاتح
oscuro (adj)	ɣāmiq	غامق
vivo (adj)	zāhi	زاه

de color (lápiz ~)	mulawwan	ملوّن
en colores (película ~)	mulawwan	ملوّن
blanco y negro (adj)	abyaḍ wa aswad	أبيض وأسود
unicolor (adj)	waḥīd al lawn, sāda	وحيد اللون، سادة
multicolor (adj)	muta'addid al alwān	متعدّد الألوان

13. Las preguntas

¿Quién?	man?	من؟
¿Qué?	māða?	ماذا؟
¿Dónde?	ayna?	أين؟
¿Adónde?	ila ayna?	إلى أين؟
¿De dónde?	min ayna?	من أين؟
¿Cuándo?	mata?	متى؟
¿Para qué?	li māða?	لماذا؟
¿Por qué?	li māða?	لماذا؟

¿Por qué razón?	li māða?	لماذا؟
¿Cómo?	kayfa?	كيف؟
¿Qué ...? (~ color)	ay?	أي؟
¿Cuál?	ay?	أي؟

¿A quién?	li man?	لمن؟
¿De quién? (~ hablan ...)	'amman?	عمّن؟
¿De qué?	'amma?	عمّا؟
¿Con quién?	ma' man?	مع من؟

| ¿Cuánto? | kam? | كم؟ |
| ¿De quién? (~ es este ...) | li man? | لمن؟ |

14. Las palabras útiles. Los adverbios. Unidad 1

¿Dónde?	ayna?	أين؟
aquí (adv)	huna	هنا
allí (adv)	hunāk	هناك

| en alguna parte | fi makānin ma | في مكان ما |
| en ninguna parte | la fi ay makān | لا في أي مكان |

| junto a ... | bi ʒānib | بجانب |
| junto a la ventana | bi ʒānib aʃ ʃubbāk | بجانب الشبّاك |

¿A dónde?	ila ayna?	إلى أين؟
aquí (venga ~)	huna	هنا
allí (vendré ~)	hunāk	هناك
de aquí (adv)	min huna	من هنا
de allí (adv)	min hunāk	من هناك
cerca (no lejos)	qarīban	قريبًا

lejos (adv)	ba'īdan	بعيدًا
cerca de ...	'ind	عند
al lado (de ...)	qarīban	قريبًا
no lejos (adv)	ɣayr ba'īd	غير بعيد
izquierdo (adj)	al yasār	اليسار
a la izquierda (situado ~)	'alaʃ ʃimāl	على الشمال
a la izquierda (girar ~)	ilaʃ ʃimāl	إلى الشمال
derecho (adj)	al yamīn	اليمين
a la derecha (situado ~)	'alal yamīn	على اليمين
a la derecha (girar)	llal yamīn	إلى اليمين
delante (yo voy ~)	min al amām	من الأمام
delantero (adj)	amāmiy	أمامي
adelante (movimiento)	ilal amām	إلى الأمام
detrás de ...	warā'	وراء
desde atrás	min al warā'	من الوراء
atrás (da un paso ~)	ilal warā'	إلى الوراء
centro (m), medio (m)	wasaṭ (m)	وسط
en medio (adv)	fil wasat	في الوسط
de lado (adv)	bi ʒānib	بجانب
en todas partes	fi kull makān	في كل مكان
alrededor (adv)	ḥawl	حول
de dentro (adv)	min ad dāχil	من الداخل
a alguna parte	ila ayy makān	إلى أيّ مكان
todo derecho (adv)	bi aqsar ṭarīq	بأقصر طريق
atrás (muévelo para ~)	'īyāban	إيابًا
de alguna parte (adv)	min ayy makān	من أي مكان
no se sabe de dónde	min makānin ma	من مكان ما
primero (adv)	awwalan	أوّلًا
segundo (adv)	θāniyan	ثانيًا
tercero (adv)	θāliθan	ثالثًا
de súbito (adv)	faʒ'a	فجأة
al principio (adv)	fil bidāya	في البداية
por primera vez	li 'awwal marra	لأوّل مرّة
mucho tiempo antes ...	qabl ... bi mudda ṭawīla	قبل...بمدّة طويلة
de nuevo (adv)	min ʒadīd	من جديد
para siempre (adv)	ilal abad	إلى الأبد
jamás, nunca (adv)	abadan	أبدًا
de nuevo (adv)	min ʒadīd	من جديد
ahora (adv)	al 'ān	الآن
frecuentemente (adv)	kaθīran	كثيرًا
entonces (adv)	fi ðalika al waqt	في ذلك الوقت
urgentemente (adv)	'āʒilan	عاجلًا
usualmente (adv)	kal 'āda	كالعادة
a propósito, ...	'ala fikra ...	على فكرة...
es probable	min al mumkin	من الممكن

probablemente (adv)	laʻalla	لعلَّ
tal vez	min al mumkin	من الممكن
además ...	bil iḍāfa ila ðalik ...	بالإضافة إلى...
por eso ...	li ðalik	لذلك
a pesar de ...	bir raɣm min ...	بالرغم من...
gracias a ...	bi faḍl ...	بفضل...
qué (pron)	allaði	الذي
que (conj)	anna	أنَ
algo (~ le ha pasado)	ʃay' (m)	شيء
algo (~ así)	ʃay' (m)	شيء
nada (f)	la ʃay'	لا شيء
quien	allaði	الذي
alguien (viene ~)	aḥad	أحد
alguien (¿ha llamado ~?)	aḥad	أحد
nadie	la aḥad	لا أحد
a ninguna parte	la ila ay makān	لا إلى أي مكان
de nadie	la yaχuṣṣ aḥad	لا يخص أحدًا
de alguien	li aḥad	لأحد
tan, tanto (adv)	hakaða	هكذا
también (~ habla francés)	kaðalika	كذلك
también (p.ej. Yo ~)	ayḍan	أيضًا

15. Las palabras útiles. Los adverbios. Unidad 2

¿Por qué?	li māða?	لماذا؟
no se sabe porqué	li sababin ma	لسبب ما
porque ...	li'anna ...	لأنَ...
por cualquier razón (adv)	li amr mā	لأمر ما
y (p.ej. uno y medio)	wa	و
o (p.ej. té o café)	aw	أو
pero (p.ej. me gusta, ~)	lakin	لكن
para (p.ej. es para ti)	li	لـ
demasiado (adv)	kaθīran ʒiddan	كثيرًا جدًا
sólo, solamente (adv)	faqaṭ	فقط
exactamente (adv)	biḍ ḍabṭ	بالضبط
unos ...,	naḥw	نحو
cerca de ... (~ 10 kg)		
aproximadamente	taqrīban	تقريبًا
aproximado (adj)	taqrībiy	تقريبي
casi (adv)	taqrīban	تقريبًا
resto (m)	al bāqi (m)	الباقي
cada (adj)	kull	كلَّ
cualquier (adj)	ayy	أيَ
mucho (adv)	kaθīr	كثير
muchos (mucha gente)	kaθīr min an nās	كثير من الناس
todos	kull an nās	كل الناس

a cambio de ...	muqābil ...	مقابل...
en cambio (adv)	muqābil	مقابل
a mano (hecho ~)	bil yad	باليد
poco probable	hayhāt	هيهات
probablemente	laʿalla	لعلّ
a propósito (adv)	qaṣdan	قصدا
por accidente (adv)	ṣudfa	صدفة
muy (adv)	ʒiddan	جدًا
por ejemplo (adv)	maθalan	مثلًا
entre (~ nosotros)	bayn	بين
entre (~ otras cosas)	bayn	بين
tanto (~ gente)	haðihi al kammiyya	هذه الكمية
especialmente (adv)	χāṣṣa	خاصة

Conceptos básicos. Unidad 2

16. Los opuestos

rico (adj)	ɣaniy	غَنيّ
pobre (adj)	faqīr	فقير
enfermo (adj)	marīḍ	مريض
sano (adj)	salīm	سليم
grande (adj)	kabīr	كبير
pequeño (adj)	ṣaɣīr	صغير
rápidamente (adv)	bi surʿa	بسرعة
lentamente (adv)	bi buṭʾ	ببطء
rápido (adj)	sarīʿ	سريع
lento (adj)	baṭīʾ	بطيء
alegre (adj)	farḥān	فرحان
triste (adj)	ḥazīn	حزين
juntos (adv)	maʿan	معًا
separadamente	bi mufradih	بمفرده
en voz alta	bi ṣawt ʿāli	بصوت عال
en silencio	sirran	سرًّا
alto (adj)	ʿāli	عال
bajo (adj)	munxafiḍ	منخفض
profundo (adj)	ʿamīq	عميق
poco profundo (adj)	ḍaḥl	ضحل
sí	naʿam	نعم
no	la	لا
lejano (adj)	baʿīd	بعيد
cercano (adj)	qarīb	قريب
lejos (adv)	baʿīdan	بعيدًا
cerco (adv)	qarīban	قريبًا
largo (adj)	ṭawīl	طويل
corto (adj)	qaṣīr	قصير
bueno (de buen corazón)	ṭayyib	طيّب
malvado (adj)	ʃarīr	شرير

casado (adj)	mutazawwiʒ	متزوّج
soltero (adj)	aʿzab	أعزب
prohibir (vt)	manaʿ	منع
permitir (vt)	samaḥ	سمح
fin (m)	nihāya (f)	نهاية
principio (m)	bidāya (f)	بداية
izquierdo (adj)	al yasār	اليسار
derecho (adj)	al yamīn	اليمين
primero (adj)	awwal	أوّل
último (adj)	ʾāχir	آخر
crimen (m)	ʒarīma (f)	جريمة
castigo (m)	ʿuqūba (f), ʿiqāb (m)	عقوبة, عقاب
ordenar (vt)	amar	أمر
obedecer (vi, vt)	ṭāʿ	طاع
recto (adj)	mustaqīm	مستقيم
curvo (adj)	munḥani	منحن
paraíso (m)	al ʒanna (f)	الجنّة
infierno (m)	al ʒaḥīm (f)	الجحيم
nacer (vi)	wulid	وُلد
morir (vi)	māt	مات
fuerte (adj)	qawiy	قويّ
débil (adj)	ḍaʿīf	ضعيف
viejo (adj)	ʿaʒūz	عجوز
joven (adj)	ʃābb	شابّ
viejo (adj)	qadīm	قديم
nuevo (adj)	ʒadīd	جديد
duro (adj)	ṣalb	صلب
blando (adj)	ṭariy	طريّ
tibio (adj)	dāfiʾ	دافئ
frío (adj)	bārid	بارد
gordo (adj)	θaχīn	ثخين
delgado (adj)	naḥīf	نحيف
estrecho (adj)	ḍayyiq	ضيّق
ancho (adj)	wāsiʿ	واسع
bueno (adj)	ʒayyid	جيّد
malo (adj)	sayyiʾ	سيّئ
valiente (adj)	ʃuʒāʿ	شجاع
cobarde (adj)	ʒabān	جبان

17. Los días de la semana

lunes (m)	yawm al iθnayn (m)	يوم الإثنين
martes (m)	yawm aθ θulāθā' (m)	يوم الثلاثاء
miércoles (m)	yawm al arbi'ā' (m)	يوم الأربعاء
jueves (m)	yawm al xamīs (m)	يوم الخميس
viernes (m)	yawm al ʒum'a (m)	يوم الجمعة
sábado (m)	yawm as sabt (m)	يوم السبت
domingo (m)	yawm al aḥad (m)	يوم الأحد
hoy (adv)	al yawm	اليوم
mañana (adv)	ɣadan	غدًا
pasado mañana	ba'd ɣad	بعد غد
ayer (adv)	ams	أمس
anteayer (adv)	awwal ams	أوّل أمس
día (m)	yawm (m)	يوم
día (m) de trabajo	yawm 'amal (m)	يوم عمل
día (m) de fiesta	yawm al 'uṭla ar rasmiyya (m)	يوم العطلة الرسمية
día (m) de descanso	yawm 'uṭla (m)	يوم عطلة
fin (m) de semana	ayyām al 'uṭla (pl)	أيام العطلة
todo el día	ṭūl al yawm	طول اليوم
al día siguiente	fil yawm at tāli	في اليوم التالي
dos días atrás	min yawmayn	قبل يومين
en vísperas (adv)	fil yawm as sābiq	في اليوم السابق
diario (adj)	yawmiy	يومي
cada día (adv)	yawmiyyan	يوميًا
semana (f)	usbū' (m)	أسبوع
semana (f) pasada	fil isbū' al māḍi	في الأسبوع الماضي
semana (f) que viene	fil isbū' al qādim	في الأسبوع القادم
semanal (adj)	usbū'iy	أسبوعي
cada semana (adv)	usbū'iyyan	أسبوعيًا
2 veces por semana	marratayn fil usbū'	مرتين في الأسبوع
todos los martes	kull yawm aθ θulaθā'	كل يوم الثلاثاء

18. Las horas. El día y la noche

mañana (f)	ṣabāḥ (m)	صباح
por la mañana	fiṣ ṣabāḥ	في الصباح
mediodía (m)	ẓuhr (m)	ظهر
por la tarde	ba'd aẓ ẓuhr	بعد الظهر
noche (f)	masā' (m)	مساء
por la noche	fil masā'	في المساء
noche (f) (p.ej. 2:00 a.m.)	layl (m)	ليل
por la noche	bil layl	بالليل
medianoche (f)	muntaṣif al layl (m)	منتصف الليل
segundo (m)	θāniya (f)	ثانية
minuto (m)	daqīqa (f)	دقيقة
hora (f)	sā'a (f)	ساعة

media hora (f)	niṣf sā'a (m)	نصف ساعة
cuarto (m) de hora	rub' sā'a (f)	ربع ساعة
quince minutos	χamsat 'aʃar daqīqa	خمس عشرة دقيقة
veinticuatro horas	yawm kāmil (m)	يوم كامل

salida (f) del sol	ʃurūq aʃʃams (m)	شروق الشمس
amanecer (m)	faʒr (m)	فجر
madrugada (f)	ṣabāḥ bākir (m)	صباح باكر
puesta (f) del sol	ɣurūb aʃʃams (m)	غروب الشمس

de madrugada	fis ṣabāḥ al bākir	في الصباح الباكر
esta mañana	al yawm fiṣ ṣabāḥ	اليوم في الصباح
mañana por la mañana	ɣadan fiṣ ṣabāḥ	غدًا في الصباح

esta tarde	al yawm ba'd aẓ ẓuhr	اليوم بعد الظهر
por la tarde	ba'd aẓ ẓuhr	بعد الظهر
mañana por la tarde	ɣadan ba'd aẓ ẓuhr	غدًا بعد الظهر

| esta noche (p.ej. 8:00 p.m.) | al yawm fil masā' | اليوم في المساء |
| mañana por la noche | ɣadan fil masā' | غدًا في المساء |

a las tres en punto	fis sā'a aθ θāliθa tamāman	في الساعة الثالثة تماما
a eso de las cuatro	fis sā'a ar rābi'a taqrīban	في الساعة الرابعة تقريبا
para las doce	ḥattas sā'a aθ θāniya 'aʃara	حتى الساعة الثانية عشرة
dentro de veinte minutos	ba'd 'iʃrīn daqīqa	بعد عشرين دقيقة
dentro de una hora	ba'd sā'a	بعد ساعة
a tiempo (adv)	fi maw'idih	في موعده

… menos cuarto	illa rub'	إلا ربع
durante una hora	ṭiwāl sā'a	طوال الساعة
cada quince minutos	kull rub' sā'a	كل ربع ساعة
día y noche	layl nahār	ليل نهار

19. Los meses. Las estaciones

enero (m)	yanāyir (m)	يناير
febrero (m)	fibrāyir (m)	فبراير
marzo (m)	māris (m)	مارس
abril (m)	abrīl (m)	أبريل
mayo (m)	māyu (m)	مايو
junio (m)	yūnyu (m)	يونيو

julio (m)	yūlyu (m)	يوليو
agosto (m)	ayusṭus (m)	أغسطس
septiembre (m)	sibtambar (m)	سبتمبر
octubre (m)	uktūbir (m)	أكتوبر
noviembre (m)	nuvimbar (m)	نوفمبر
diciembre (m)	disimbar (m)	ديسمبر

primavera (f)	rabī' (m)	ربيع
en primavera	fir rabī'	في الربيع
de primavera (adj)	rabī'iy	ربيعي
verano (m)	ṣayf (m)	صيف
en verano	fiṣ ṣayf	في الصيف

de verano (adj)	ṣayfiy	صيفي
otoño (m)	χarīf (m)	خريف
en otoño	fil χarīf	في الخريف
de otoño (adj)	χarīfiy	خريفيَ

invierno (m)	ʃitā' (m)	شتاء
en invierno	fiʃ ʃitā'	في الشتاء
de invierno (adj)	ʃitawiy	شتويَ

mes (m)	ʃahr (m)	شهر
este mes	fi haða aʃ ʃahr	في هذا الشهر
al mes siguiente	fiʃ ʃahr al qādim	في الشهر القادم
el mes pasado	fiʃ ʃahr al māḍi	في الشهر الماضي

hace un mes	qabl ʃahr	قبل شهر
dentro de un mes	ba'd ʃahr	بعد شهر
dentro de dos meses	ba'd ʃahrayn	بعد شهرين
todo el mes	ṭūl aʃ ʃahr	طول الشهر
todo un mes	ʃahr kāmil	شهر كامل

mensual (adj)	ʃahriy	شهريَ
mensualmente (adv)	kull ʃahr	كل شهر
cada mes	kull ʃahr	كل شهر
dos veces por mes	marratayn fiʃ ʃahr	مرّتين في الشهر

año (m)	sana (f)	سنة
este año	fi haðihi as sana	في هذه السنة
el próximo año	fis sana al qādima	في السنة القادمة
el año pasado	fis sana al māḍiya	في السنة الماضية

hace un año	qabla sana	قبل سنة
dentro de un año	ba'd sana	بعد سنة
dentro de dos años	ba'd sanatayn	بعد سنتين
todo el año	ṭūl as sana	طول السنة
todo un año	sana kāmila	سنة كاملة

cada año	kull sana	كل سنة
anual (adj)	sanawiy	سنويَ
anualmente (adv)	kull sana	كل سنة
cuatro veces por año	arba' marrāt fis sana	أربع مرّات في السنة

fecha (f) (la ~ de hoy es …)	tarīχ (m)	تاريخ
fecha (f) (~ de entrega)	tarīχ (m)	تاريخ
calendario (m)	taqwīm (m)	تقويم

medio año (m)	niṣf sana (m)	نصف سنة
seis meses	niṣf sana (m)	نصف سنة
estación (f)	faṣl (m)	فصل
siglo (m)	qarn (m)	قرن

20. La hora. Miscelánea

| tiempo (m) | waqt (m) | وقت |
| momento (m) | laḥẓa (f) | لحظة |

instante (m)	lahẓa (f)	لمظة
instantáneo (adj)	χāṭif	خاطف
lapso (m) de tiempo	fatra (f)	فترة
vida (f)	ḥayāt (f)	حياة
eternidad (f)	abadiyya (f)	أبديّة

época (f)	ʿahd (m)	عهد
era (f)	ʿaṣr (m)	عصر
ciclo (m)	dawra (f)	دورة
periodo (m)	fatra (f)	فترة
plazo (m) (~ de tres meses)	fatra (f)	فترة

futuro (m)	al mustaqbal (m)	المستقبل
futuro (adj)	qādim	قادم
la próxima vez	fil marra al qādima	في المرّة القادمة
pasado (m)	al māḍi (m)	الماضي
pasado (adj)	māḍi	ماض
la última vez	fil marra al māḍiya	في المرّة الماضية
más tarde (adv)	fima baʿd	فيما بعد
después	baʿd	بعد
actualmente (adv)	fi haðihi al ayyām	في هذه الأيام
ahora (adv)	al ʾān	الآن
inmediatamente	ḥālan	حالًا
pronto (adv)	qarīban	قريبًا
de antemano (adv)	muqaddaman	مقدّمًا

hace mucho tiempo	min zamān	من زمان
hace poco (adv)	min zaman qarīb	من زمان قريب
destino (m)	maṣīr (m)	مصير
recuerdos (m pl)	ðikra (f)	ذكرى
archivo (m)	arʃīf (m)	أرشيف
durante ...	aθnā...	أثناء...
mucho tiempo (adv)	li mudda ṭawīla	لمدّة طويلة
poco tiempo (adv)	li mudda qaṣīra	لمدّة قصيرة
temprano (adv)	bākiran	باكرًا
tarde (adv)	muta'aχχiran	متأخرًا

para siempre (adv)	lil abad	للأبد
comenzar (vt)	bada'	بدأ
aplazar (vt)	aʒʒal	أجّل

simultáneamente	fi nafs al waqt	في نفس الوقت
permanentemente	dāʾiman	دائمًا
constante (ruido, etc.)	mustamirr	مستمرّ
temporal (adj)	muʾaqqat	مؤقّت

a veces (adv)	min ḥīn li ʾāχar	من حين لآخر
raramente (adv)	nādiran	نادرًا
frecuentemente	kaθīran	كثيرًا

21. Las líneas y las formas

| cuadrado (m) | murabbaʿ (m) | مربع |
| cuadrado (adj) | murabbaʿ | مربع |

círculo (m)	dā'ira (f)	دائرة
redondo (adj)	mudawwar	مدور
triángulo (m)	muθallaθ (m)	مثلث
triangular (adj)	muθallaθ	مثلث

óvalo (m)	bayḍawiy (m)	بيضوي
oval (adj)	bayḍawiy	بيضوي
rectángulo (m)	mustaṭīl (m)	مستطيل
rectangular (adj)	mustaṭīliy	مستطيلي

pirámide (f)	haram (m)	هرم
rombo (m)	mu'ayyan (m)	معين
trapecio (m)	murabbaʿ munḥarif (m)	مربع منحرف
cubo (m)	mukaʿʿab (m)	مكعب
prisma (m)	manʃūr (m)	منشور

circunferencia (f)	muḥīṭ munḥanan muɣlaq (m)	محيط منحنى مغلق
esfera (f)	kura (f)	كرة
globo (m)	kura (f)	كرة
diámetro (m)	quṭr (m)	قطر
radio (m)	niṣf qaṭr (m)	نصف قطر
perímetro (m)	muḥīṭ (m)	محيط
centro (m)	wasaṭ (m)	وسط

horizontal (adj)	ufuqiy	أفقي
vertical (adj)	ʿamūdiy	عمودي
paralela (f)	χaṭṭ mutawāzi (m)	خط متواز
paralelo (adj)	mutawāzi	متواز

línea (f)	χaṭṭ (m)	خط
trazo (m)	ḥaraka (m)	حركة
recta (f)	χaṭṭ mustaqīm (m)	خط مستقيم
curva (f)	χaṭṭ munḥani (m)	خط منحن
fino (la ~a línea)	rafīʿ	رقيع
contorno (m)	kuntūr (m)	كنتور

intersección (f)	taqāṭuʿ (m)	تقاطع
ángulo (m) recto	zāwya mustaqīma (f)	زاوية مستقيمة
segmento (m)	qiṭʿa (f)	قطعة
sector (m)	qiṭāʿ (m)	قطاع
lado (m)	ḍilʿ (m)	ضلع
ángulo (m)	zāwiya (f)	زاوية

22. Las unidades de medida

peso (m)	wazn (m)	وزن
longitud (f)	ṭūl (m)	طول
anchura (f)	ʿarḍ (m)	عرض
altura (f)	irtifāʿ (m)	إرتفاع
profundidad (f)	ʿumq (m)	عمق
volumen (m)	ḥaʒm (m)	حجم
área (f)	misāḥa (f)	مساحة
gramo (m)	grām (m)	جرام
miligramo (m)	milliɣrām (m)	مليغرام

kilogramo (m)	kiluɣrām (m)	كيلوغرام
tonelada (f)	tunn (m)	طنّ
libra (f)	ratl (m)	رطل
onza (f)	ūnsa (f)	أونصة

metro (m)	mitr (m)	متر
milímetro (m)	millimitr (m)	مليمتر
centímetro (m)	santimitr (m)	سنتيمتر
kilómetro (m)	kilumitr (m)	كيلومتر
milla (f)	mīl (m)	ميل

pulgada (f)	būsa (f)	بوصة
pie (m)	qadam (f)	قدم
yarda (f)	yārda (f)	ياردة

metro (m) cuadrado	mitr murabbaʿ (m)	متر مربّع
hectárea (f)	hiktār (m)	هكتار

litro (m)	litr (m)	لتر
grado (m)	daraʒa (f)	درجة
voltio (m)	vūlt (m)	فولت
amperio (m)	ambīr (m)	أمبير
caballo (m) de fuerza	hisān (m)	حصان

cantidad (f)	kammiyya (f)	كمّية
un poco de ...	qalīl ...	قليل...
mitad (f)	nisf (m)	نصف
docena (f)	iθnā ʿaʃar (f)	إثنا عشر
pieza (f)	wahda (f)	وحدة

dimensión (f)	haʒm (m)	حجم
escala (f) (del mapa)	miqyās (m)	مقياس

mínimo (adj)	al adna	الأدنى
el más pequeño (adj)	al asɣar	الأصغر
medio (adj)	mutawassit	متوسّط
máximo (adj)	al aqsa	الأقصى
el más grande (adj)	al akbar	الأكبر

23. Contenedores

tarro (m) de vidrio	bartamān (m)	برطمان
lata (f)	tanaka (f)	تنكة
cubo (m)	ʒardal (m)	جردل
barril (m)	barmīl (m)	برميل

palangana (f)	hawd lil ɣasīl (m)	حوض للفسيل
tanque (m)	χazzān (m)	خزّان
petaca (f) (de alcohol)	zamzamiyya (f)	زمزمية
bidón (m) de gasolina	ʒirikan (m)	جركن
cisterna (f)	χazzān (m)	خزّان

taza (f) (mug de cerámica)	māgg (m)	ماجّ
taza (f) (~ de café)	finʒān (m)	فنجان

platillo (m)	ṭabaq finȝān (m)	طبق فنجان
vaso (m) (~ de agua)	kubbāya (f)	كبّاية
copa (f) (~ de vino)	ka's (f)	كأس
olla (f)	kassirūlla (f)	كاسرولة

botella (f)	zuȝāȝa (f)	زجاجة
cuello (m) de botella	'unq (m)	عنق

garrafa (f)	dawraq zuȝāȝiy (m)	دورق زجاجيّ
jarro (m) (~ de agua)	ibrīq (m)	إبريق
recipiente (m)	inā' (m)	إناء
tarro (m)	aṣīṣ (m)	أصيص
florero (m)	vāza (f)	فازة

frasco (m) (~ de perfume)	zuȝāȝa (f)	زجاجة
frasquito (m)	zuȝāȝa (f)	زجاجة
tubo (m)	umbūba (f)	أنبوبة

saco (m) (~ de azúcar)	kīs (m)	كيس
bolsa (f) (~ plástica)	kīs (m)	كيس
paquete (m) (~ de cigarrillos)	'ulba (f)	علبة

caja (f)	'ulba (f)	علبة
cajón (m) (~ de madera)	ṣundū' (m)	صندوق
cesta (f)	salla (f)	سلة

24. Materiales

material (m)	mādda (f)	مادّة
madera (f)	xaʃab (m)	خشب
de madera (adj)	xaʃabiy	خشبيّ

vidrio (m)	zuȝāȝ (m)	زجاج
de vidrio (adj)	zuȝāȝiy	زجاجيّ

piedra (f)	haȝar (m)	حجر
de piedra (adj)	haȝariy	حجريّ

plástico (m)	blastīk (m)	بلاستيك
de plástico (adj)	min al blastīk	من البلاستيك

goma (f)	maṭṭāṭ (m)	مطّاط
de goma (adj)	maṭṭāṭiy	مطّاطيّ

tela (f)	qumāʃ (m)	قماش
de tela (adj)	min al qumāʃ	من القماش

papel (m)	waraq (m)	ورق
de papel (adj)	waraqiy	ورقيّ

cartón (m)	kartūn (m)	كرتون
de cartón (adj)	kartūniy	كرتونيّ
polietileno (m)	buli iθilīn (m)	بولي إثيلين
celofán (m)	silufān (m)	سيلوفان

contrachapado (m)	ablakāʃ (m)	أبلكاش
porcelana (f)	bursilān (m)	بورسلان
de porcelana (adj)	min il bursilān	من البورسلان
arcilla (f), barro (m)	ṭīn (m)	طين
de barro (adj)	faxxāry	فخّاري
cerámica (f)	siramīk (m)	سيراميك
de cerámica (adj)	siramīkiy	سيراميكيّ

25. Los metales

metal (m)	ma'dan (m)	معدن
metálico (adj)	ma'daniy	معدنيّ
aleación (f)	sabīka (f)	سبيكة
oro (m)	ðahab (m)	ذهب
de oro (adj)	ðahabiy	ذهبيّ
plata (f)	fiḍḍa (f)	فضّة
de plata (adj)	fiḍḍiy	فضّيّ
hierro (m)	ḥadīd (m)	حديد
de hierro (adj)	ḥadīdiy	حديديّ
acero (m)	fūlāð (m)	فولاذ
de acero (adj)	fulāðiy	فولاذيّ
cobre (m)	nuḥās (m)	نحاس
de cobre (adj)	nuḥāsiy	نحاسيّ
aluminio (m)	alumīniyum (m)	الومينيوم
de aluminio (adj)	alumīniyum	الومينيوم
bronce (m)	brūnz (m)	برونز
de bronce (adj)	brūnziy	برونزيّ
latón (m)	nuḥās aṣfar (m)	نحاس أصفر
níquel (m)	nikil (m)	نيكل
platino (m)	blatīn (m)	بلاتين
mercurio (m)	zi'baq (m)	زئبق
estaño (m)	qaṣdīr (m)	قصدير
plomo (m)	ruṣāṣ (m)	رصاص
zinc (m)	zink (m)	زنك

EL SER HUMANO

El ser humano. El cuerpo

26. El ser humano. Conceptos básicos

ser (m) humano	insān (m)	إنسان
hombre (m) (varón)	raӡul (m)	رجل
mujer (f)	imra'a (f)	إمرأة
niño -a (m, f)	ṭifl (m)	طفل
niña (f)	bint (f)	بنت
niño (m)	walad (m)	ولد
adolescente (m)	murāhiq (m)	مراهق
viejo, anciano (m)	'aӡūz (m)	عجوز
vieja, anciana (f)	'aӡūza (f)	عجوزة

27. La anatomía humana

organismo (m)	ӡism (m)	جسم
corazón (m)	qalb (m)	قلب
sangre (f)	dam (m)	دم
arteria (f)	ʃaryān (m)	شريان
vena (f)	'irq (m)	عرق
cerebro (m)	muxx (m)	مخّ
nervio (m)	'aṣab (m)	عصب
nervios (m pl)	a'ṣāb (pl)	أعصاب
vértebra (f)	faqra (f)	فقرة
columna (f) vertebral	'amūd faqriy (m)	عمود فقريّ
estómago (m)	ma'ida (f)	معدة
intestinos (m pl)	am'ā' (pl)	أمعاء
intestino (m)	mi'an (m)	معى
hígado (m)	kibd (f)	كبد
riñón (m)	kilya (f)	كلية
hueso (m)	'aẓm (m)	عظم
esqueleto (m)	haykal 'aẓmiy (m)	هيكل عظميّ
costilla (f)	ḍil' (m)	ضلع
cráneo (m)	ӡumӡuma (f)	جمجمة
músculo (m)	'aḍala (f)	عضلة
bíceps (m)	'aḍala ðāt ra'sayn (f)	عضلة ذات رأسين
tríceps (m)	'aḍla θulāθiyyat ar ru'ūs (f)	عضلة ثلاثيّة الرءوس
tendón (m)	watar (m)	وتر
articulación (f)	mafṣil (m)	مفصل

pulmones (m pl)	ri'atān (du)	رئتان
genitales (m pl)	a'ḍā' ʒinsiyya (pl)	أعضاء جنسيّة
piel (f)	buʃra (m)	بشرة

28. La cabeza

cabeza (f)	ra's (m)	رأس
cara (f)	waʒh (m)	وجه
nariz (f)	anf (m)	أنف
boca (f)	fam (m)	فم

ojo (m)	'ayn (f)	عين
ojos (m pl)	'uyūn (pl)	عيون
pupila (f)	ḥadaqa (f)	حدقة
ceja (f)	ḥāʒib (m)	حاجب
pestaña (f)	rimʃ (m)	رمش
párpado (m)	ʒafn (m)	جفن

lengua (f)	lisān (m)	لسان
diente (m)	sinn (f)	سنّ
labios (m pl)	ʃifāh (pl)	شفاه
pómulos (m pl)	'iẓām waʒhiyya (pl)	عظام وجهيّة
encía (f)	liθθa (f)	لثّة
paladar (m)	ḥanak (m)	حنك

ventanas (f pl)	minχarān (du)	منخران
mentón (m)	ðaqan (m)	ذقن
mandíbula (f)	fakk (m)	فكّ
mejilla (f)	χadd (m)	خدّ

frente (f)	ʒabha (f)	جبهة
sien (f)	ṣudɣ (m)	صدغ
oreja (f)	uðun (f)	أذن
nuca (f)	qafa (m)	قفا
cuello (m)	raqaba (f)	رقبة
garganta (f)	ḥalq (m)	حلق

pelo, cabello (m)	ʃa'r (m)	شعر
peinado (m)	tasrīḥa (f)	تسريحة
corte (m) de pelo	tasrīḥa (f)	تسريحة
peluca (f)	barūka (f)	باروكة

bigote (m)	ʃawārib (pl)	شوارب
barba (f)	liḥya (f)	لحية
tener (~ la barba)	'indahu	عنده
trenza (f)	ḍifīra (f)	ضفيرة
patillas (f pl)	sawālif (pl)	سوالف

pelirrojo (adj)	aḥmar aʃʃa'r	أحمر الشعر
gris, canoso (adj)	abyaḍ	أبيض
calvo (adj)	aṣla'	أصلع
calva (f)	ṣala' (m)	صلع
cola (f) de caballo	ðayl ḥiṣān (m)	ذيل حصان
flequillo (m)	quṣṣa (f)	قصّة

29. El cuerpo

mano (f)	yad (m)	يد
brazo (m)	ðirāʿ (f)	ذراع
dedo (m)	iṣbaʿ (m)	إصبع
dedo (m) del pie	iṣbaʿ al qadam (m)	إصبع القدم
dedo (m) pulgar	ibhām (m)	إبهام
dedo (m) meñique	xunṣur (m)	خنصر
uña (f)	ẓufr (m)	ظفر
puño (m)	qabḍa (f)	قبضة
palma (f)	kaff (f)	كفَّ
muñeca (f)	miʿṣam (m)	معصم
antebrazo (m)	sāʿid (m)	ساعد
codo (m)	mirfaq (m)	مرفق
hombro (m)	katf (f)	كتف
pierna (f)	riʒl (f)	رجل
planta (f)	qadam (f)	قدم
rodilla (f)	rukba (f)	ركبة
pantorrilla (f)	sammāna (f)	سمّانة
cadera (f)	faxð (f)	فخذ
talón (m)	ʿaqb (m)	عقب
cuerpo (m)	ʒism (m)	جسم
vientre (m)	baṭn (m)	بطن
pecho (m)	ṣadr (m)	صدر
seno (m)	θady (m)	ثدي
lado (m), costado (m)	ʒamb (m)	جنب
espalda (f)	ẓahr (m)	ظهر
zona (f) lumbar	asfal aẓ ẓahr (m)	أسفل الظهر
cintura (f), talle (m)	xaṣr (m)	خصر
ombligo (m)	surra (f)	سرَّة
nalgas (f pl)	ardāf (pl)	أرداف
trasero (m)	dubr (m)	دبر
lunar (m)	ʃāma (f)	شامة
marca (f) de nacimiento	waḥma	وحمة
tatuaje (m)	waʃm (m)	وشم
cicatriz (f)	nadba (f)	ندبة

La ropa y los accesorios

30. La ropa exterior. Los abrigos

ropa (f)	malābis (pl)	ملابس
ropa (f) de calle	malābis fawqāniyya (pl)	ملابس فوقانيّة
ropa (f) de invierno	malābis ʃitawiyya (pl)	ملابس شتويّة
abrigo (m)	miʿṭaf (m)	معطف
abrigo (m) de piel	miʿṭaf farw (m)	معطف فرو
abrigo (m) corto de piel	ʒakīt farw (m)	جاكيت فرو
chaqueta (f) plumón	ḥaʃiyyat rīʃ (m)	حشية ريش
cazadora (f)	ʒākīt (m)	جاكيت
impermeable (m)	miʿṭaf lil maṭar (m)	معطف للمطر
impermeable (adj)	ṣāmid lil māʾ	صامد للماء

31. Ropa de hombre y mujer

camisa (f)	qamīṣ (m)	قميص
pantalones (m pl)	banṭalūn (m)	بنطلون
jeans, vaqueros (m pl)	ʒīnz (m)	جينز
chaqueta (f), saco (m)	sutra (f)	سترة
traje (m)	badla (f)	بدلة
vestido (m)	fustān (m)	فستان
falda (f)	tannūra (f)	تنّورة
blusa (f)	blūza (f)	بلوزة
rebeca (f), chaqueta (f) de punto	kardigān (m)	كارديجان
chaqueta (f)	ʒākīt (m)	جاكيت
camiseta (f) (T-shirt)	ti ʃirt (m)	تي شيرت
pantalones (m pl) cortos	ʃūrt (m)	شورت
traje (m) deportivo	badlat at tadrīb (f)	بدلة التدريب
bata (f) de baño	θawb ḥammām (m)	ثوب حمّام
pijama (m)	biʒāma (f)	بيجاما
suéter (m)	bulūvir (m)	بلوفر
pulóver (m)	bulūvir (m)	بلوفر
chaleco (m)	ṣudayriy (m)	صديريّ
frac (m)	badlat sahra (f)	بدلة سهرة
esmoquin (m)	smūkin (m)	سموكن
uniforme (m)	zayy muwaḥḥad (m)	زي موحّد
ropa (f) de trabajo	θiyāb al ʿamal (m)	ثياب العمل
mono (m)	uvirūl (m)	اوفرول
bata (f) (p. ej. ~ blanca)	θawb (m)	ثوب

32. La ropa. La ropa interior

ropa (f) interior	malābis dāχiliyya (pl)	ملابس داخليّة
bóxer (m)	sirwāl dāχiliy riʒāliy (m)	سروال داخليّ رجاليّ
bragas (f pl)	sirwāl dāχiliy nisā'iy (m)	سروال داخليّ نسائيّ
camiseta (f) interior	qamīṣ bila aqmām (m)	قميص بلا أكمام
calcetines (m pl)	ʒawārib (pl)	جوارب

camisón (m)	qamīṣ nawm (m)	قميص نوم
sostén (m)	ḥammālat ṣadr (f)	حمّالة صدر
calcetines (m pl) altos	ʒawārib ṭawīla (pl)	جوارب طويلة
pantimedias (f pl)	ʒawārib kulūn (pl)	جوارب كولون
medias (f pl)	ʒawārib nisā'iyya (pl)	جوارب نسائية
traje (m) de baño	libās sibāḥa (m)	لباس سباحة

33. Gorras

gorro (m)	qubbaʿa (f)	قبّعة
sombrero (m) de fieltro	burnayṭa (f)	برنيطة
gorra (f) de béisbol	kāb baysbūl (m)	كاب بيسبول
gorra (f) plana	qubbaʿa musaṭṭaḥa (f)	قبّعة مسطحة

boina (f)	birīh (m)	بيريه
capuchón (m)	ɣiṭā' (m)	غطاء
panamá (m)	qubbaʿat banāma (f)	قبّعة بناما
gorro (m) de punto	qubbāʿa maḥbūka (m)	قبّعة محبوكة

pañuelo (m)	ʿiʒārb (m)	إشارب
sombrero (m) de mujer	burnayṭa (f)	برنيطة

casco (m) (~ protector)	χūða (f)	خوذة
gorro (m) de campaña	kāb (m)	كاب
casco (m) (~ de moto)	χūða (f)	خوذة

bombín (m)	qubbaʿat dirbi (f)	قبّعة ديربي
sombrero (m) de copa	qubbaʿa ʿāliya (f)	قبّعة عالية

34. El calzado

calzado (m)	aḥðiya (pl)	أحذية
botas (f pl)	ʒazma (f)	جزمة
zapatos (m pl) (~ de tacón bajo)	ʒazma (f)	جزمة
botas (f pl) altas	būt (m)	بوت
zapatillas (f pl)	ʃibʃib (m)	شبشب

tenis (m pl)	ḥiðā' riyāḍiy (m)	حذاء رياضيّ
zapatillas (f pl) de lona	kutʃi (m)	كوتشي
sandalias (f pl)	ṣandal (pl)	صندل
zapatero (m)	iskāfiy (m)	إسكافيّ
tacón (m)	kaʿb (m)	كعب

par (m)	zawʒ (m)	زوج
cordón (m)	ʃarīṭ (m)	شريط
encordonar (vt)	rabaṭ	ربط
calzador (m)	labbāsat ḥiðāʾ (f)	لبّاسة حذاء
betún (m)	warnīʃ al ḥiðāʾ (m)	ورنيش الحذاء

35. Los textiles. Las telas

algodón (m)	quṭn (m)	قطن
de algodón (adj)	min al quṭn	من القطن
lino (m)	kattān (m)	كتّان
de lino (adj)	min il kattān	من الكتّان
seda (f)	ḥarīr (m)	حرير
de seda (adj)	min al ḥarīr	من الحرير
lana (f)	ṣūf (m)	صوف
de lana (adj)	min aṣ ṣūf	من الصوف
terciopelo (m)	muxmal (m)	مخمل
gamuza (f)	ʒild ʃāmwāh (m)	جلد شاموأه
pana (f)	quṭn qaṭīfa (f)	قطن قطيفة
nilón (m)	naylūn (m)	نايلون
de nilón (adj)	min an naylūn	من النيلون
poliéster (m)	bulyistir (m)	بوليستر
de poliéster (adj)	min al bulyastar	من البوليستر
piel (f) (cuero)	ʒild (m)	جلد
de piel (de cuero)	min al ʒild	من الجلد
piel (f) (~ de zorro, etc.)	farw (m)	فرو
de piel (abrigo ~)	min al farw	من الفرو

36. Accesorios personales

guantes (m pl)	quffāz (m)	قفّاز
manoplas (f pl)	quffāz muylaq (m)	قفّاز مغلق
bufanda (f)	ʾīʃārb (m)	إيشارب
gafas (f pl)	nazẓāra (f)	نظّارة
montura (f)	iṭār (m)	إطار
paraguas (m)	ʃamsiyya (f)	شمسيّة
bastón (m)	ʿaṣa (f)	عصا
cepillo (m) de pelo	furʃat ʃaʿr (f)	فرشة شعر
abanico (m)	mirwaḥa yadawiyya (f)	مروحة يدويّة
corbata (f)	karavatta (f)	كرافتة
pajarita (f)	babyūn (m)	ببيون
tirantes (m pl)	ḥammāla (f)	حمّالة
moquero (m)	mandīl (m)	منديل
peine (m)	miʃṭ (m)	مشط
pasador (m) de pelo	dabbūs (m)	دبّوس

| horquilla (f) | bansa (m) | بنسة |
| hebilla (f) | bukla (f) | بكلة |

| cinturón (m) | ḥizām (m) | حزام |
| correa (f) (de bolso) | ḥammalat al katf (f) | حمّالة الكتف |

bolsa (f)	ʃanṭa (f)	شنطة
bolso (m)	ʃanṭat yad (f)	شنطة يد
mochila (f)	ḥaqībat ẓahr (f)	حقيبة ظهر

37. La ropa. Miscelánea

moda (f)	mūḍa (f)	موضة
de moda (adj)	fil mūḍa	في الموضة
diseñador (m) de moda	muṣammim azyāʾ (m)	مصمّم أزياء

cuello (m)	yāqa (f)	ياقة
bolsillo (m)	ʒayb (m)	جيب
de bolsillo (adj)	ʒayb	جيب
manga (f)	kumm (m)	كمّ
presilla (f)	ʿallāqa (f)	علّاقة
bragueta (f)	lisān (m)	لسان

cremallera (f)	zimām munzaliq (m)	زمام منزلق
cierre (m)	miʃbak (m)	مشبك
botón (m)	zirr (m)	زرّ
ojal (m)	ʿurwa (f)	عروة
saltar (un botón)	waqaʿ	وقع

coser (vi, vt)	χāṭ	خاط
bordar (vt)	ṭarraz	طرّز
bordado (m)	taṭrīz (m)	تطريز
aguja (f)	ibra (f)	إبرة
hilo (m)	χayṭ (m)	خيط
costura (f)	darz (m)	درز

ensuciarse (vr)	tawassaχ	توسّخ
mancha (f)	buqʿa (f)	بقعة
arrugarse (vr)	takarmaʃ	تكرمش
rasgar (vt)	qaṭṭaʿ	قطّع
polilla (f)	ʿuθθa (f)	عثّة

38. Productos personales. Cosméticos

pasta (f) de dientes	maʿʒūn asnān (m)	معجون أسنان
cepillo (m) de dientes	furʃat asnān (f)	فرشة أسنان
limpiarse los dientes	nazzaf al asnān	نظّف الأسنان

maquinilla (f) de afeitar	mūs ḥilāqa (m)	موس حلاقة
crema (f) de afeitar	krīm ḥilāqa (m)	كريم حلاقة
afeitarse (vr)	ḥalaq	حلق
jabón (m)	ṣābūn (m)	صابون

champú (m)	ʃāmbū (m)	شامبو
tijeras (f pl)	maqaṣṣ (m)	مقص
lima (f) de uñas	mibrad (m)	مبرد
cortaúñas (m pl)	milqaṭ (m)	ملقط
pinzas (f pl)	milqaṭ (m)	ملقط

cosméticos (m pl)	mawādd at taʒmīl (pl)	مواد التجميل
mascarilla (f)	mask (m)	ماسك
manicura (f)	manikūr (m)	مانيكور
hacer la manicura	ʿamal manikūr	عمل مانيكور
pedicura (f)	badikīr (m)	باديكير

bolsa (f) de maquillaje	ḥaqībat adawāt at taʒmīl (f)	حقيبة أدوات التجميل
polvos (m pl)	budrat waʒh (f)	بودرة وجه
polvera (f)	ʿulbat būdra (f)	علبة بودرة
colorete (m), rubor (m)	aḥmar xudūd (m)	أحمر خدود

perfume (m)	ʿiṭr (m)	عطر
agua (f) de tocador	kulūnya (f)	كولونيا
loción (f)	lusiyun (m)	لوسيون
agua (f) de Colonia	kulūniya (f)	كولونيا

sombra (f) de ojos	ay ʃaduw (m)	اي شادو
lápiz (m) de ojos	kuḥl al ʿuyūn (m)	كحل العيون
rímel (m)	maskara (f)	ماسكارا

pintalabios (m)	aḥmar ʃifāh (m)	أحمر شفاه
esmalte (m) de uñas	mulammiʿ al aẓāfir (m)	ملمع الاظافر
fijador (m) para el pelo	muθabbit aʃ ʃaʿr (m)	مثبت الشعر
desodorante (m)	muzīl rawāʾiḥ (m)	مزيل روائح

crema (f)	krīm (m)	كريم
crema (f) de belleza	krīm lil waʒh (m)	كريم للوجه
crema (f) de manos	krīm lil yadayn (m)	كريم لليدين
crema (f) antiarrugas	krīm muḍādd lit taʒāʿīd (m)	كريم مضاد للتجاعيد
crema (f) de día	krīm an nahār (m)	كريم النهار
crema (f) de noche	krīm al layl (m)	كريم الليل
de día (adj)	nahāriy	نهاري
de noche (adj)	layliy	ليلي

tampón (m)	tambūn (m)	تامبون
papel (m) higiénico	waraq ḥammām (m)	ورق حمام
secador (m) de pelo	muʒaffif ʃaʿr (m)	مجفف شعر

39. Las joyas

joyas (f pl)	muʒawharāt (pl)	مجوهرات
precioso (adj)	karīm	كريم
contraste (m)	damɣa (f)	دمغة

anillo (m)	xātim (m)	خاتم
anillo (m) de boda	diblat al xuṭūba (m)	دبلة الخطوبة
pulsera (f)	siwār (m)	سوار
pendientes (m pl)	ḥalaq (m)	حلق

41

collar (m) (~ de perlas)	ʿaqd (m)	عقد
corona (f)	tāӡ (m)	تاج
collar (m) de abalorios	ʿaqd χaraz (m)	عقد خرز

diamante (m)	almās (m)	الماس
esmeralda (f)	zumurrud (m)	زمرّد
rubí (m)	yāqūt aḥmar (m)	ياقوت أحمر
zafiro (m)	yāqūt azraq (m)	ياقوت أزرق
perla (f)	luʾluʾ (m)	لؤلؤ
ámbar (m)	kahramān (m)	كهرمان

40. Los relojes

reloj (m)	sāʿa (f)	ساعة
esfera (f)	waӡh as sāʿa (m)	وجه الساعة
aguja (f)	ʿaqrab as sāʿa (m)	عقرب الساعة
pulsera (f)	siwār sāʿa maʿdaniyya (m)	سوار ساعة معدنية
correa (f) (del reloj)	siwār sāʿa (m)	سوار ساعة

pila (f)	baṭṭāriyya (f)	بطّاريّة
descargarse (vr)	tafarraχ	تفرّغ
cambiar la pila	χayyar al baṭṭāriyya	غيّر البطّاريّة
adelantarse (vr)	sabaq	سبق
retrasarse (vr)	taʾaχχar	تأخّر

reloj (m) de pared	sāʿat ḥāʾiṭ (f)	ساعة حائط
reloj (m) de arena	sāʿa ramliyya (f)	ساعة رمليّة
reloj (m) de sol	sāʿa ʃamsiyya (f)	ساعة شمسيّة
despertador (m)	munabbih (m)	منبّه
relojero (m)	saʿātiy (m)	ساعاتيّ
reparar (vt)	aṣlaḥ	أصلح

La comida y la nutrición

41. La comida

Español	Transliteración	العربية
carne (f)	laḥm (m)	لحم
gallina (f)	daʒāʒ (m)	دجاج
pollo (m)	farrūʒ (m)	فروج
pato (m)	baṭṭa (f)	بطة
ganso (m)	iwazza (f)	إوزة
caza (f) menor	ṣayd (m)	صيد
pava (f)	daʒāʒ rūmiy (m)	دجاج رومي
carne (f) de cerdo	laḥm al xinzīr (m)	لحم الخنزير
carne (f) de ternera	laḥm il 'iʒl (m)	لحم العجل
carne (f) de carnero	laḥm aḍ ḍa'n (m)	لحم الضأن
carne (f) de vaca	laḥm al baqar (m)	لحم البقر
conejo (m)	arnab (m)	أرنب
salchichón (m)	suʒuq (m)	سجق
salchicha (f)	suʒuq (m)	سجق
beicon (m)	bikūn (m)	بيكون
jamón (m)	hām (m)	هام
jamón (m) fresco	faxð xinzīr (m)	فخذ خنزير
paté (m)	ma'ʒūn laḥm (m)	معجون لحم
hígado (m)	kibda (f)	كبدة
carne (f) picada	haʃwa (f)	حشوة
lengua (f)	lisān (m)	لسان
huevo (m)	bayḍa (f)	بيضة
huevos (m pl)	bayḍ (m)	بيض
clara (f)	bayāḍ al bayḍ (m)	بياض البيض
yema (f)	ṣafār al bayḍ (m)	صفار البيض
pescado (m)	samak (m)	سمك
mariscos (m pl)	fawākih al baḥr (pl)	فواكه البحر
caviar (m)	kaviyār (m)	كافيار
cangrejo (m) de mar	salṭa'ūn (m)	سلطعون
camarón (m)	ʒambari (m)	جمبري
ostra (f)	maḥār (m)	محار
langosta (f)	karkand ʃāik (m)	كركند شائك
pulpo (m)	uxṭubūṭ (m)	أخطبوط
calamar (m)	kalmāri (m)	كالماري
esturión (m)	samak al ḥaʃʃ (m)	سمك الحفش
salmón (m)	salmūn (m)	سلمون
fletán (m)	samak al halbūt (m)	سمك الهلبوت
bacalao (m)	samak al qudd (m)	سمك القد
caballa (f)	usqumriy (m)	أسقمري

43

atún (m)	tūna (f)	تونة
anguila (f)	ḥankalīs (m)	حنكليس
trucha (f)	salmūn muraqqaṭ (m)	سلمون مرقّط
sardina (f)	sardīn (m)	سردين
lucio (m)	samak al karāki (m)	سمك الكراكي
arenque (m)	rinʒa (f)	رنجة
pan (m)	χubz (m)	خبز
queso (m)	ʒubna (f)	جبنة
azúcar (m)	sukkar (m)	سكّر
sal (f)	milḥ (m)	ملح
arroz (m)	urz (m)	أرز
macarrones (m pl)	makarūna (f)	مكرونة
tallarines (m pl)	nūdlis (f)	نودلز
mantequilla (f)	zubda (f)	زبدة
aceite (m) vegetal	zayt (m)	زيت
aceite (m) de girasol	zayt ʿabīd aʃ ʃams (m)	زيت عبيد الشمس
margarina (f)	marɣarīn (m)	مرغرين
olivas, aceitunas (f pl)	zaytūn (m)	زيتون
aceite (m) de oliva	zayt az zaytūn (m)	زيت الزيتون
leche (f)	ḥalīb (m)	حليب
leche (f) condensada	ḥalīb mukaθθaf (m)	حليب مكثّف
yogur (m)	yūɣurt (m)	يوغورت
nata (f) agria	krīma ḥāmiḍa (f)	كريمة حامضة
nata (f) líquida	krīma (f)	كريمة
mayonesa (f)	mayunīz (m)	مايونيز
crema (f) de mantequilla	krīmat zubda (f)	كريمة زبدة
cereales (m pl) integrales	ḥubūb (pl)	حبوب
harina (f)	daqīq (m)	دقيق
conservas (f pl)	muʿallabāt (pl)	معلّبات
copos (m pl) de maíz	kurn fliks (m)	كورن فليكس
miel (f)	ʿasal (m)	عسل
confitura (f)	murabba (m)	مربّى
chicle (m)	ʿilk (m)	علك

42. Las bebidas

agua (f)	māʾ (m)	ماء
agua (f) potable	māʾ ʃurb (m)	ماء شرب
agua (f) mineral	māʾ maʿdaniy (m)	ماء معدنيّ
sin gas	bi dūn ɣāz	بدون غاز
gaseoso (adj)	mukarban	مكربن
con gas	bil ɣāz	بالغاز
hielo (m)	θalʒ (m)	ثلج
con hielo	biθ θalʒ	بالثلج

sin alcohol	bi dūn kuḥūl	بدون كحول
bebida (f) sin alcohol	maʃrūb ɣāziy (m)	مشروب غازي
refresco (m)	maʃrūb muθallaʒ (m)	مشروب مثلج
limonada (f)	ʃarāb laymūn (m)	شراب ليمون

bebidas (f pl) alcohólicas	maʃrūbāt kuḥūliyya (pl)	مشروبات كحوليّة
vino (m)	nabīð (f)	نبيذ
vino (m) blanco	nibīð abyaḍ (m)	نبيذ أبيض
vino (m) tinto	nabīð aḥmar (m)	نبيذ أحمر

licor (m)	liqiūr (m)	ليكيور
champaña (f)	ʃambāniya (f)	شمبانيا
vermú (m)	virmut (m)	فيرموث

whisky (m)	wiski (m)	وسكي
vodka (m)	vudka (f)	فودكا
ginebra (f)	ʒīn (m)	جين
coñac (m)	kunyāk (m)	كونياك
ron (m)	rum (m)	رم

café (m)	qahwa (f)	قهوة
café (m) solo	qahwa sāda (f)	قهوة سادة
café (m) con leche	qahwa bil ḥalīb (f)	قهوة بالحليب
capuchino (m)	kaputʃīnu (m)	كابتشينو
café (m) soluble	niskafi (m)	نيسكافيه

leche (f)	ḥalīb (m)	حليب
cóctel (m)	kuktayl (m)	كوكتيل
batido (m)	milk ʃiyk (m)	ميلك شيك

zumo (m), jugo (m)	ʿaṣīr (m)	عصير
jugo (m) de tomate	ʿaṣīr ṭamāṭim (m)	عصير طماطم
zumo (m) de naranja	ʿaṣīr burtuqāl (m)	عصير برتقال
zumo (m) fresco	ʿaṣīr ṭāziʒ (m)	عصير طازج

cerveza (f)	bīra (f)	بيرة
cerveza (f) rubia	bīra xafīfa (f)	بيرة خفيفة
cerveza (f) negra	bīra ɣāmiqa (f)	بيرة غامقة

té (m)	ʃāy (m)	شاي
té (m) negro	ʃāy aswad (m)	شاي أسود
té (m) verde	ʃāy axḍar (m)	شاي أخضر

43. Las verduras

| legumbres (f pl) | xuḍār (pl) | خضار |
| verduras (f pl) | xuḍrawāt waraqiyya (pl) | خضروات ورقيّة |

tomate (m)	ṭamāṭim (f)	طماطم
pepino (m)	xiyār (m)	خيار
zanahoria (f)	ʒazar (m)	جزر
patata (f)	baṭāṭis (f)	بطاطس
cebolla (f)	baṣal (m)	بصل
ajo (m)	θūm (m)	ثوم

col (f)	kurumb (m)	كرنب
coliflor (f)	qarnabīṭ (m)	قرنبيط
col (f) de Bruselas	kurumb brūksil (m)	كرنب بروكسل
brócoli (m)	brukuli (m)	بركولي

remolacha (f)	banʒar (m)	بنجر
berenjena (f)	bātinʒān (m)	باذنجان
calabacín (m)	kūsa (f)	كوسة
calabaza (f)	qarʿ (m)	قرع
nabo (m)	lift (m)	لفت

perejil (m)	baqdūnis (m)	بقدونس
eneldo (m)	ʃabat (m)	شبت
lechuga (f)	χass (m)	خسّ
apio (m)	karafs (m)	كرفس
espárrago (m)	halyūn (m)	هليون
espinaca (f)	sabāniχ (m)	سبانخ

guisante (m)	bisilla (f)	بسلّة
habas (f pl)	fūl (m)	فول
maíz (m)	ðura (f)	ذرّة
fréjol (m)	faṣūliya (f)	فاصوليا

pimiento (m) dulce	filfil (m)	فلفل
rábano (m)	fiʒl (m)	فجل
alcachofa (f)	χurʃūf (m)	خرشوف

44. Las frutas. Las nueces

fruto (m)	fākiha (f)	فاكهة
manzana (f)	tuffāḥa (f)	تفّاحة
pera (f)	kummaθra (f)	كمّثرى
limón (m)	laymūn (m)	ليمون
naranja (f)	burtuqāl (m)	برتقال
fresa (f)	farawla (f)	فراولة

mandarina (f)	yūsufiy (m)	يوسفي
ciruela (f)	barqūq (m)	برقوق
melocotón (m)	durrāq (m)	دراق
albaricoque (m)	miʃmiʃ (f)	مشمش
frambuesa (f)	tūt al ʿullayq al aḥmar (m)	توت العليق الأحمر
piña (f)	ananās (m)	أناناس

banana (f)	mawz (m)	موز
sandía (f)	baṭṭīχ aḥmar (m)	بطّيخ أحمر
uva (f)	ʿinab (m)	عنب
guinda (f), cereza (f)	karaz (m)	كرز
melón (m)	baṭṭīχ aṣfar (f)	بطّيخ أصفر

pomelo (m)	zinbāʿ (m)	زنباع
aguacate (m)	avukādu (f)	افوكاتو
papaya (f)	babāya (m)	بابايا
mango (m)	mangu (m)	مانجو
granada (f)	rummān (m)	رمان

grosella (f) roja	kiʃmiʃ aḥmar (m)	كشمش أحمر
grosella (f) negra	ʿinab aθ θaʿlab al aswad (m)	عنب الثعلب الأسود
grosella (f) espinosa	ʿinab aθ θaʿlab (m)	عنب الثعلب
arándano (m)	ʿinab al aḥrāʒ (m)	عنب الأحراج
zarzamoras (f pl)	θamar al ʿullayk (m)	ثمر العليق

pasas (f pl)	zabīb (m)	زبيب
higo (m)	tīn (m)	تين
dátil (m)	tamr (m)	تمر

cacahuete (m)	fūl sudāniy (m)	فول سوداني
almendra (f)	lawz (m)	لوز
nuez (f)	ʿayn al ʒamal (f)	عين الجمل
avellana (f)	bunduq (m)	بندق
nuez (f) de coco	ʒawz al hind (m)	جوز هند
pistachos (m pl)	fustuq (m)	فستق

45. El pan. Los dulces

pasteles (m pl)	ḥalawiyyāt (pl)	حلويّات
pan (m)	χubz (m)	خبز
galletas (f pl)	baskawīt (m)	بسكويت

chocolate (m)	ʃukulāta (f)	شكولاتة
de chocolate (adj)	biʃ ʃukulāṭa	بالشكولاتة
caramelo (m)	bumbūn (m)	بونبون
tarta (f) (pequeña)	kaʿk (m)	كعك
tarta (f) (~ de cumpleaños)	tūrta (f)	تورتة

tarta (f) (~ de manzana)	faṭīra (f)	فطيرة
relleno (m)	ḥaʃwa (f)	حشوة

confitura (f)	murabba (m)	مربّى
mermelada (f)	marmalād (f)	مرملاد
gofre (m)	wāfil (m)	وافل
helado (m)	muθallaʒāt (pl)	مثلّجات
pudin (m)	būding (m)	بودنج

46. Los platos

plato (m)	waʒba (f)	وجبة
cocina (f)	maṭbaχ (m)	مطبخ
receta (f)	waṣfa (f)	وصفة
porción (f)	waʒba (f)	وجبة

ensalada (f)	sulṭa (f)	سلطة
sopa (f)	ʃūrba (f)	شوربة

caldo (m)	maraq (m)	مرق
bocadillo (m)	sandawitʃ (m)	ساندويتش
huevos (m pl) fritos	bayḍ maqliy (m)	بيض مقلي
hamburguesa (f)	hamburger (m)	هامبورجر

bistec (m)	biftīk (m)	بفتيك
guarnición (f)	ṭabaq ʒānibiy (m)	طبق جانبيّ
espagueti (m)	spaɣitti (m)	سباغيتي
puré (m) de patatas	harīs baṭāṭis (m)	هريس بطاطس
pizza (f)	bītza (f)	بيتزا
gachas (f pl)	ʿaṣīda (f)	عصيدة
tortilla (f) francesa	bayḍ maχfūq (m)	بيض مخفوق

cocido en agua (adj)	maslūq	مسلوق
ahumado (adj)	mudaχχin	مدخّن
frito (adj)	maqliy	مقليّ
seco (adj)	muʒaffaf	مجفّف
congelado (adj)	muʒammad	مجمّد
marinado (adj)	muχallil	مخلّل

azucarado, dulce (adj)	musakkar	مسكّر
salado (adj)	māliḥ	مالح
frío (adj)	bārid	بارد
caliente (adj)	sāχin	ساخن
amargo (adj)	murr	مرّ
sabroso (adj)	laðīð	لذيذ

cocer en agua	ṭabaχ	طبخ
preparar (la cena)	ḥaddar	حضّر
freír (vt)	qala	قلى
calentar (vt)	saχχan	سخّن

salar (vt)	mallaḥ	ملّح
poner pimienta	falfal	فلفل
rallar (vt)	baʃar	بشر
piel (f)	qiʃra (f)	قشرة
pelar (vt)	qaʃʃar	قشّر

47. Las especias

sal (f)	milḥ (m)	ملح
salado (adj)	māliḥ	مالح
salar (vt)	mallaḥ	ملّح

pimienta (f) negra	filfil aswad (m)	فلفل أسود
pimienta (f) roja	filfil aḥmar (m)	فلفل أحمر
mostaza (f)	ṣalṣat al χardal (f)	صلصة الخردل
rábano (m) picante	fiʒl ḥārr (m)	فجل حارّ

condimento (m)	tābil (m)	تابل
especia (f)	bahār (m)	بهار
salsa (f)	ṣalṣa (f)	صلصة
vinagre (m)	χall (m)	خلّ

anís (m)	yānsūn (m)	يانسون
albahaca (f)	rīḥān (m)	ريحان
clavo (m)	qurumful (m)	قرنفل
jengibre (m)	zanʒabīl (m)	زنجبيل
cilantro (m)	kuzbara (f)	كزبرة

canela (f)	qirfa (f)	قرفة
sésamo (m)	simsim (m)	سمسم
hoja (f) de laurel	awrāq al ɣār (pl)	أوراق الغار
paprika (f)	babrika (f)	بابريكا
comino (m)	karāwiya (f)	كراوية
azafrán (m)	za'farān (m)	زعفران

48. Las comidas

| comida (f) | akl (m) | أكل |
| comer (vi, vt) | akal | أكل |

desayuno (m)	futūr (m)	فطور
desayunar (vi)	aftar	أفطر
almuerzo (m)	ɣadā' (m)	غداء
almorzar (vi)	taɣadda	تغدى
cena (f)	'aʃā' (m)	عشاء
cenar (vi)	ta'aʃʃa	تعشى

| apetito (m) | ʃahiyya (f) | شهية |
| ¡Que aproveche! | hanī'an marī'an! | هنيئًا مريئًا! |

abrir (vt)	fataḥ	فتح
derramar (líquido)	dalaq	دلق
derramarse (líquido)	indalaq	إندلق
hervir (vi)	ɣala	غلى
hervir (vt)	ɣala	غلى
hervido (agua ~a)	maɣliy	مغلي
enfriar (vt)	barrad	برد
enfriarse (vr)	tabarrad	تبرد

| sabor (m) | ṭa'm (m) | طعم |
| regusto (m) | al maðāq al 'āliq fil fam (m) | المذاق العالق فى الفم |

adelgazar (vi)	faqad al wazn	فقد الوزن
dieta (f)	ḥimya ɣaðā'iyya (f)	حمية غذائية
vitamina (f)	vitamīn (m)	فيتامين
caloría (f)	su'ra ḥarāriyya (f)	سعرة حرارية
vegetariano (m)	nabātiy (m)	نباتي
vegetariano (adj)	nabātiy	نباتي

grasas (f pl)	duhūn (pl)	دهون
proteínas (f pl)	brutināt (pl)	بروتينات
carbohidratos (m pl)	naʃawiyyāt (pl)	نشويات
loncha (f)	ʃarīḥa (f)	شريحة
pedazo (m)	qiṭ'a (f)	قطعة
miga (f)	futāta (f)	فتاتة

49. Los cubiertos

| cuchara (f) | mil'aqa (f) | ملعقة |
| cuchillo (m) | sikkīn (m) | سكين |

tenedor (m)	ʃawka (f)	شوكة
taza (f)	finʒān (m)	فنجان
plato (m)	ṭabaq (m)	طبق
platillo (m)	ṭabaq finʒān (m)	طبق فنجان
servilleta (f)	mandīl (m)	منديل
mondadientes (m)	χallat asnān (f)	خلة أسنان

50. El restaurante

restaurante (m)	matʿam (m)	مطعم
cafetería (f)	kafé (m), maqha (m)	كافيه، مقهى
bar (m)	bār (m)	بار
salón (m) de té	ṣālun ʃāy (m)	صالون شاي

camarero (m)	nādil (m)	نادل
camarera (f)	nādila (f)	نادلة
barman (m)	bārman (m)	بارمان

carta (f), menú (m)	qā'imat aṭ ṭaʿām (f)	قائمة طعام
carta (f) de vinos	qā'imat al χumūr (f)	قائمة خمور
reservar una mesa	ḥaʒaz mā'ida	حجز مائدة

plato (m)	waʒba (f)	وجبة
pedir (vt)	ṭalab	طلب
hacer un pedido	ṭalab	طلب

aperitivo (m)	ʃarāb (m)	شراب
entremés (m)	muqabbilāt (pl)	مقبّلات
postre (m)	ḥalawiyyāt (pl)	حلويّات

cuenta (f)	ḥisāb (m)	حساب
pagar la cuenta	dafaʿ al ḥisāb	دفع الحساب
dar la vuelta	aʿṭa al bāqi	أعطى الباقي
propina (f)	baqʃīʃ (m)	بقشيش

La familia nuclear, los parientes y los amigos

51. La información personal. Los formularios

nombre (m)	ism (m)	إسم
apellido (m)	ism al 'ā'ila (m)	إسم العائلة
fecha (f) de nacimiento	tarīχ al mīlād (m)	تاريخ الميلاد
lugar (m) de nacimiento	makān al mīlād (m)	مكان الميلاد
nacionalidad (f)	ʒinsiyya (f)	جنسية
domicilio (m)	maqarr al iqāma (m)	مقر الإقامة
país (m)	balad (m)	بلد
profesión (f)	mihna (f)	مهنة
sexo (m)	ʒins (m)	جنس
estatura (f)	ṭūl (m)	طول
peso (m)	wazn (m)	وزن

52. Los familiares. Los parientes

madre (f)	umm (f)	أمّ
padre (m)	ab (m)	أب
hijo (m)	ibn (m)	إبن
hija (f)	ibna (f)	إبنة
hija (f) menor	al ibna aṣ ṣaɣīra (f)	الإبنة الصغيرة
hijo (m) menor	al ibn aṣ ṣaɣīr (m)	الابن الصغير
hija (f) mayor	al ibna al kabīra (f)	الإبنة الكبيرة
hijo (m) mayor	al ibn al kabīr (m)	الإبن الكبير
hermano (m)	aχ (m)	أخ
hermano (m) mayor	al aχ al kabīr (m)	الأخ الكبير
hermano (m) menor	al aχ aṣ ṣaɣīr (m)	الأخ الصغير
hermana (f)	uχt (f)	أخت
hermana (f) mayor	al uχt al kabīra (f)	الأخت الكبيرة
hermana (f) menor	al uχt aṣ ṣaɣīra (f)	الأخت الصغيرة
primo (m)	ibn 'amm (m), ibn χāl (m)	إبن عمّ، إبن خال
prima (f)	ibnat 'amm (f), ibnat χāl (f)	إبنة عم، إبنة خال
mamá (f)	mama (f)	ماما
papá (m)	baba (m)	بابا
padres (pl)	wālidān (du)	والدان
niño -a (m, f)	ṭifl (m)	طفل
niños (pl)	aṭfāl (pl)	أطفال
abuela (f)	ʒidda (f)	جدّة
abuelo (m)	ʒadd (m)	جدّ
nieto (m)	ḥafīd (m)	حفيد

| nieta (f) | ḥafīda (f) | حفيدة |
| nietos (pl) | aḥfād (pl) | أحفاد |

tío (m)	ʿamm (m), χāl (m)	عمّ، خال
tía (f)	ʿamma (f), χāla (f)	عمة، خالة
sobrino (m)	ibn al aχ (m), ibn al uχt (m)	إبن الأخ، إبن الأخت
sobrina (f)	ibnat al aχ (f), ibnat al uχt (f)	إبنة الأخ، إبنة الأخت
suegra (f)	ḥamātt (f)	حماة
suegro (m)	ḥamm (m)	حم
yerno (m)	zawʒ al ibna (m)	زوج الأبنة
madrastra (f)	zawʒat al ab (f)	زوجة الأب
padrastro (m)	zawʒ al umm (m)	زوج الأمّ

niño (m) de pecho	ṭifl raḍīʿ (m)	طفل رضيع
bebé (m)	mawlūd (m)	مولود
chico (m)	walad ṣaɣīr (m)	ولد صغير

mujer (f)	zawʒa (f)	زوجة
marido (m)	zawʒ (m)	زوج
esposo (m)	zawʒ (m)	زوج
esposa (f)	zawʒa (f)	زوجة

casado (adj)	mutazawwiʒ	متزوّج
casada (adj)	mutazawwiʒa	متزوّجة
soltero (adj)	aʿzab	أعزب
soltero (m)	aʿzab (m)	أعزب
divorciado (adj)	muṭallaq (m)	مطلّق
viuda (f)	armala (f)	أرملة
viudo (m)	armal (m)	أرمل

pariente (m)	qarīb (m)	قريب
pariente (m) cercano	nasīb qarīb (m)	نسيب قريب
pariente (m) lejano	nasīb baʿīd (m)	نسيب بعيد
parientes (pl)	aqārib (pl)	أقارب

huérfano (m), huérfana (f)	yatīm (m)	يتيم
tutor (m)	waliyy amr (m)	ولي أمر
adoptar (un niño)	tabanna	تبنّى
adoptar (una niña)	tabanna	تبنّى

53. Los amigos. Los compañeros del trabajo

amigo (m)	ṣadīq (m)	صديق
amiga (f)	ṣadīqa (f)	صديقة
amistad (f)	ṣadāqa (f)	صداقة
ser amigo	ṣādaq	صادق

amigote (m)	ṣāḥib (m)	صاحب
amiguete (f)	ṣaḥiba (f)	صاحبة
compañero (m)	rafīq (m)	رفيق

jefe (m)	raʾīs (m)	رئيس
superior (m)	raʾīs (m)	رئيس
propietario (m)	ṣāḥib (m)	صاحب

subordinado (m)	tābiʿ (m)	تابع
colega (m, f)	zamīl (m)	زميل

conocido (m)	maʿruf (m)	معروف
compañero (m) de viaje	rafīq safar (m)	رفيق سفر
condiscípulo (m)	zamīl fiṣ ṣaff (m)	زميل في الصفّ

vecino (m)	ӡār (m)	جار
vecina (f)	ӡāra (f)	جارة
vecinos (pl)	ӡirān (pl)	جيران

54. El hombre. La mujer

mujer (f)	imraʾa (f)	إمرأة
muchacha (f)	fatāt (f)	فتاة
novia (f)	ʿarūsa (f)	عروسة

guapa (adj)	ӡamīla	جميلة
alta (adj)	ṭawīla	طويلة
esbelta (adj)	raʃīqa	رشيقة
de estatura mediana	qaṣīra	قصيرة

rubia (f)	ʃaqrāʾ (f)	شقراء
morena (f)	sawdāʾ aʃ ʃaʿr (f)	سوداء الشعر

de señora (adj)	sayyidāt	سيّدات
virgen (f)	ʿaðrāʾ (f)	عذراء
embarazada (adj)	ḥāmil	حامل

hombre (m) (varón)	raӡul (m)	رجل
rubio (m)	aʃqar (m)	أشقر
moreno (m)	aswad aʃ ʃaʿr (m)	أسود الشعر
alto (adj)	ṭawīl	طويل
de estatura mediana	qaṣīr	قصير

grosero (adj)	waqiḥ	وقح
rechoncho (adj)	malyān	مليان
robusto (adj)	matīn	متين
fuerte (adj)	qawiy	قويّ
fuerza (f)	quwwa (f)	قوّة

gordo (adj)	θaχīn	ثخين
moreno (adj)	asmar	أسمر
esbelto (adj)	raʃīq	رشيق
elegante (adj)	anīq	أنيق

55. La edad

edad (f)	ʿumr (m)	عمر
juventud (f)	ʃabāb (m)	شباب
joven (adj)	ʃābb	شابّ
menor (adj)	aṣɣar	أصغر

mayor (adj)	akbar	أكبر
joven (m)	ʃābb (m)	شابّ
adolescente (m)	murāhiq (m)	مراهق
muchacho (m)	ʃābb (m)	شابّ

| anciano (m) | ʿaӡūz (m) | عجوز |
| anciana (f) | ʿaӡūza (f) | عجوزة |

adulto	bāliɣ (m)	بالغ
de edad media (adj)	fi muntaṣaf al ʿumr	في منتصف العمر
anciano, mayor (adj)	ʿaӡūz	عجوز
viejo (adj)	ʿaӡūz	عجوز

jubilación (f)	maʿāʃ (m)	معاش
jubilarse	uḥīl ʿalal maʿāʃ	أحيل على المعاش
jubilado (m)	mutaqāʿid (m)	متقاعد

56. Los niños

niño -a (m, f)	ṭifl (m)	طفل
niños (pl)	aṭfāl (pl)	أطفال
gemelos (pl)	tawʾamān (du)	توأمان

cuna (f)	mahd (m)	مهد
sonajero (m)	χaʃχīʃa (f)	خشخيشة
pañal (m)	ḥifāẓ aṭfāl (m)	حفاظ أطفال

chupete (m)	bazzāza (f)	بزّازة
cochecito (m)	ʿarabat aṭfāl (f)	عربة أطفال
jardín (m) de infancia	rawḍat aṭfāl (f)	روضة أطفال
niñera (f)	murabbiyat aṭfāl (f)	مربّية الأطفال

| infancia (f) | ṭufūla (f) | طفولة |
| muñeca (f) | dumya (f) | دمية |

| juguete (m) | luʿba (f) | لعبة |
| mecano (m) | mukaʿʿabāt (pl) | مكعّبات |

bien criado (adj)	muʾaddab	مؤدّب
mal criado (adj)	qalīl al adab	قليل الأدب
mimado (adj)	mutdalliʿ	متدلّع

| hacer travesuras | laʿib | لعب |
| travieso (adj) | laʿūb | لعوب |

| travesura (f) | izʿāӡ (m) | إزعاج |
| travieso (m) | ṭifl laʿūb (m) | طفل لعوب |

| obediente (adj) | muṭīʿ | مطيع |
| desobediente (adj) | ʿāq | عاقّ |

dócil (adj)	ʿāqil	عاقل
inteligente (adj)	ðakiy	ذكيّ
niño (m) prodigio	ṭifl muʿӡiza (m)	طفل معجزة

57. El matrimonio. La vida familiar

besar (vt)	bās	باس
besarse (vr)	bās	باس
familia (f)	'ā'ila (f)	عائلة
familiar (adj)	'ā'iliy	عائلي
pareja (f)	zawʒān (du)	زوجان
matrimonio (m)	zawāʒ (m)	زواج
hogar (m) familiar	bayt (m)	بيت
dinastía (f)	sulāla (f)	سلالة
cita (f)	maw'id (m)	موعد
beso (m)	būsa (f)	بوسة
amor (m)	ḥubb (m)	حبّ
querer (amar)	aḥabb	أحبّ
querido (adj)	ḥabīb	حبيب
ternura (f)	ḥanān (m)	حنان
tierno (afectuoso)	ḥanūn	حنون
fidelidad (f)	iχlāṣ (m)	إخلاص
fiel (adj)	muχliṣ	مخلص
cuidado (m)	'ināya (f)	عناية
cariñoso (un padre ~)	muhtamm	مهتمّ
recién casados (pl)	'arūsān (du)	عروسان
luna (f) de miel	ʃahr al 'asal (m)	شهر العسل
estar casada	tazawwaʒ	تزوّج
casarse (con una mujer)	tazawwaʒ	تزوّج
boda (f)	zifāf (m)	زفاف
bodas (f pl) de oro	al yubīl að ðahabiy liz zawāʒ (m)	اليوبيل الذهبي للزواج
aniversario (m)	ðikra sanawiyya (f)	ذكرى سنويّة
amante (m)	ḥabīb (m)	حبيب
amante (f)	ḥabība (f)	حبيبة
adulterio (m)	χiyāna zawʒiyya (f)	خيانة زوجية
cometer adulterio	χān	خان
celoso (adj)	ɣayūr	غيور
tener celos	ɣār	غار
divorcio (m)	ṭalāq (m)	طلاق
divorciarse (vr)	ṭallaq	طلّق
reñir (vi)	taʃāʒar	تشاجر
reconciliarse (vr)	taṣālaḥ	تصالح
juntos (adv)	ma'an	معًا
sexo (m)	ʒins (m)	جنس
felicidad (f)	sa'āda (f)	سعادة
feliz (adj)	sa'īd	سعيد
desgracia (f)	muṣība (m)	مصيبة
desgraciado (adj)	ta'is	تعس

Las características de personalidad. Los sentimientos

58. Los sentimientos. Las emociones

sentimiento (m)	ʃuʿūr (m)	شعور
sentimientos (m pl)	maʃāʿir (pl)	مشاعر
sentir (vt)	ʃaʿar	شعر
hambre (f)	ӡawʿ (m)	جوع
tener hambre	arād an yaʾkul	أراد أن يأكل
sed (f)	ʿaṭaʃ (m)	عطش
tener sed	arād an yaʃrab	أراد أن يشرب
somnolencia (f)	nuʿās (m)	نعاس
tener sueño	arād an yanām	أراد أن ينام
cansancio (m)	taʿab (m)	تعب
cansado (adj)	taʿbān	تعبان
estar cansado	taʿib	تعب
humor (m) (de buen ~)	ḥāla nafsiyya, mazāӡ (m)	حالة نفسيّة، مزاج
aburrimiento (m)	malal (m)	ملل
aburrirse (vr)	ʃaʿar bil malal	شعر بالملل
soledad (f)	ʿuzla (f)	عزلة
aislarse (vr)	inzawa	إنزوى
inquietar (vt)	aqlaq	أقلق
inquietarse (vr)	qalaq	قلق
inquietud (f)	qalaq (m)	قلق
preocupación (f)	qalaq (m)	قلق
preocupado (adj)	maʃɣūl al bāl	مشغول البال
estar nervioso	qalaq	قلق
darse al pánico	uṣīb biӧ ӧaʿr	أصيب بالذعر
esperanza (f)	amal (m)	أمل
esperar (tener esperanza)	tamanna	تمنّى
seguridad (f)	yaqīn (m)	يقين
seguro (adj)	mutaʾakkid	متأكّد
inseguridad (f)	ʿadam at taʾakkud (m)	عدم التأكّد
inseguro (adj)	ɣayr mutaʾakkid	غير متأكّد
borracho (adj)	sakrān	سكران
sobrio (adj)	ṣāḥi	صاح
débil (adj)	ḍaʿīf	ضعيف
feliz (adj)	saʿīd	سعيد
asustar (vt)	arhab	أرهب
furia (f)	ɣaḍab ʃadīd (m)	غضب شديد
rabia (f)	ɣaḍab (m)	غضب
depresión (f)	iktiʾāb (m)	إكتئاب
incomodidad (f)	ʿadam irtiyāḥ (m)	عدم إرتياح

comodidad (f)	rāḥa (f)	راحة
arrepentirse (vr)	nadim	ندم
arrepentimiento (m)	nadam (m)	ندم
mala suerte (f)	sū' al ḥazz (m)	سوء الحظّ
tristeza (f)	ḥuzn (f)	حزن
vergüenza (f)	χaʒal (m)	خجل
júbilo (m)	faraḥ (m)	فرح
entusiasmo (m)	ḥamās (m)	حماس
entusiasta (m)	mutaḥammis (m)	متحمّس
mostrar entusiasmo	taḥammas	تحمّس

59. El carácter. La personalidad

carácter (m)	ṭabʿ (m)	طبع
defecto (m)	ʿayb (m)	عيب
mente (f), razón (f)	ʿaql (m)	عقل
consciencia (f)	ḍamīr (m)	ضمير
hábito (m)	ʿāda (f)	عادة
habilidad (f)	qudra (f)	قدرة
poder (~ nadar, etc.)	ʿaraf	عرف
paciente (adj)	ṣābir	صابر
impaciente (adj)	qalīl aṣ ṣabr	قليل الصبر
curioso (adj)	fuḍūliy	فضوليّ
curiosidad (f)	fuḍūl (m)	فضول
modestia (f)	tawāḍuʿ (m)	تواضع
modesto (adj)	mutawāḍiʿ	متواضع
inmodesto (adj)	ɣayr mutawāḍiʿ	غير متواضع
pereza (f)	kasal (m)	كسل
perezoso (adj)	kaslān	كسلان
perezoso (m)	kaslān (m)	كسلان
astucia (f)	makr (m)	مكر
astuto (adj)	mākir	ماكر
desconfianza (f)	ʿadam aθ θiqa (m)	عدم الثقة
desconfiado (adj)	ʃakūk	شكوك
generosidad (f)	karam (m)	كرم
generoso (adj)	karīm	كريم
talentoso (adj)	mawhūb	موهوب
talento (m)	mawhiba (f)	موهبة
valiente (adj)	ʃuʒāʿ	شجاع
coraje (m)	ʃaʒāʿa (f)	شجاعة
honesto (adj)	amīn	أمين
honestidad (f)	amāna (f)	أمانة
prudente (adj)	ḥāðir	حاذر
valeroso (adj)	ʃuʒāʿ	شجاع
serio (adj)	ʒādd	جادّ

severo (adj)	ṣārim	صارم
decidido (adj)	ḥazīm	حزيم
indeciso (adj)	mutaraddid	متردد
tímido (adj)	χaӡūl	خجول
timidez (f)	χaӡal (m)	خجل

confianza (f)	θiqa (f)	ثقة
creer (créeme)	waθiq	وثق
confiado (crédulo)	sarīʿ at taṣdīq	سريع التصديق

sinceramente (adv)	bi ṣarāḥa	بصراحة
sincero (adj)	muχliṣ	مخلص
sinceridad (f)	iχlāṣ (m)	إخلاص
abierto (adj)	ṣarīḥ	صريح

calmado (adj)	hādiʾ	هادئ
franco (sincero)	ṣarīḥ	صريح
ingenuo (adj)	sāðiӡ	ساذج
distraído (adj)	ʃārid al fikr	شارد الفكر
gracioso (adj)	muḍḥik	مضحك

avaricia (f)	buχl (m)	بخل
avaro (adj)	baχīl	بخيل
tacaño (adj)	baχīl	بخيل
malvado (adj)	ʃarīr	شرير
terco (adj)	ʿanīd	عنيد
desagradable (adj)	karīh	كريه

egoísta (m)	anāniy (m)	أنانيٌّ
egoísta (adj)	anāniy	أنانيّ
cobarde (m)	ӡabān (m)	جبان
cobarde (adj)	ӡabān	جبان

60. El sueño. Los sueños

dormir (vi)	nām	نام
sueño (m) (estado)	nawm (m)	نوم
sueño (m) (dulces ~s)	ḥulm (m)	حلم
soñar (vi)	ḥalam	حلم
adormilado (adj)	naʿsān	نعسان

cama (f)	sarīr (m)	سرير
colchón (m)	martaba (f)	مرتبة
manta (f)	baṭṭāniyya (f)	بطّانيّة
almohada (f)	wisāda (f)	وسادة
sábana (f)	milāya (f)	ملاية

insomnio (m)	araq (m)	أرق
de insomnio (adj)	ariq	أرق
somnífero (m)	munawwim (m)	منوّم
tomar el somnífero	tanāwal munawwim	تناول منوّمًا

tener sueño	arād an yanām	أراد أن ينام
bostezar (vi)	taθāʾab	تثاءب

irse a la cama	ðahab ila n nawm	ذهب إلى النوم
hacer la cama	a'add as sarīr	أعدّ السرير
dormirse (vr)	nām	نام
pesadilla (f)	kābūs (m)	كابوس
ronquido (m)	ʃaҳīr (m)	شخير
roncar (vi)	ʃaҳҳar	شخّر
despertador (m)	munabbih (m)	منبّه
despertar (vt)	ayqaẓ	أيقظ
despertarse (vr)	istayqaẓ	إستيقظ
levantarse (vr)	qām	قام
lavarse (vr)	ɣasal waӡhah	غسل وجهه

61. El humor. La risa. La alegría

humor (m)	fukāha (f)	فكاهة
sentido (m) del humor	ḥiss (m)	حس
divertirse (vr)	istamta'	إستمتع
alegre (adj)	farḥān	فرحان
júbilo (m)	faraḥ (m)	فرح
sonrisa (f)	ibtisāma (f)	إبتسامة
sonreír (vi)	ibtasam	إبتسم
echarse a reír	ḍaḥik	ضحك
reírse (vr)	ḍaḥik	ضحك
risa (f)	ḍaḥka (f)	ضحكة
anécdota (f)	ḥikāya muḍḥika (f)	حكاية مضحكة
gracioso (adj)	muḍḥik	مضحك
ridículo (adj)	muḍḥik	مضحك
bromear (vi)	mazaḥ	مزح
broma (f)	nukta (f)	نكتة
alegría (f) (emoción)	sa'āda (f)	سعادة
alegrarse (vr)	mariḥ	مرح
alegre (~ de que ...)	sa'īd	سعيد

62. La discusión y la conversación. Unidad 1

comunicación (f)	tawāṣul (m)	تواصل
comunicarse (vr)	tawāṣal	تواصل
conversación (f)	muḥādaθa (f)	محادثة
diálogo (m)	ḥiwār (m)	حوار
discusión (f) (debate)	munāqaʃa (f)	مناقشة
debate (m)	munāẓara (f)	مناظرة
debatir (vi)	ҳālaf	خالف
interlocutor (m)	muḥāwir (m)	محاور
tema (m)	mawḍū' (m)	موضوع
punto (m) de vista	wiӡhat naẓar (f)	وجهة نظر

opinión (f)	ra'y (m)	رأي
discurso (m)	χiṭāb (m)	خطاب

discusión (f) (del informe, etc.)	munāqaʃa (f)	مناقشة
discutir (vt)	nāqaʃ	ناقش
conversación (f)	ḥadīs (m)	حديث
conversar (vi)	taḥādaθ	تحادث
reunión (f)	liqā' (m)	لقاء
encontrarse (vr)	qābal	قابل

proverbio (m)	maθal (m)	مثل
dicho (m)	qawl ma'θūr (m)	قول مأثور
adivinanza (f)	luχz (m)	لغز
contar una adivinanza	alqa luχz	ألقى لغزًا
contraseña (f)	kalimat al murūr (f)	كلمة مرور
secreto (m)	sirr (m)	سرّ

juramento (m)	qasam (m)	قسم
jurar (vt)	aqsam	أقسم
promesa (f)	wa'd (m)	وعد
prometer (vt)	wa'ad	وعد

consejo (m)	naṣīḥa (f)	نصيحة
aconsejar (vt)	naṣaḥ	نصح
seguir el consejo	intaṣaḥ	إنتصح
escuchar (a los padres)	aṭā'	أطاع

noticias (f pl)	χabar (m)	خبر
sensación (f)	ḍaʒʒa (f)	ضجّة
información (f)	ma'lūmāt (pl)	معلومات
conclusión (f)	istintāʒ (f)	إستنتاج
voz (f)	ṣawt (m)	صوت
cumplido (m)	madḥ (m)	مدح
amable (adj)	laṭīf	لطيف

palabra (f)	kalima (f)	كلمة
frase (f)	'ibāra (f)	عبارة
respuesta (f)	ʒawāb (m)	جواب

verdad (f)	ḥaqīqa (f)	حقيقة
mentira (f)	kiðb (m)	كذب

pensamiento (m)	fikra (f)	فكرة
idea (f)	fikra (f)	فكرة
fantasía (f)	χayāl (m)	خيال

63. La discusión y la conversación. Unidad 2

respetado (adj)	muḥtaram	محترم
respetar (vt)	iḥtaram	إحترم
respeto (m)	iḥtirām (m)	إحترام
Estimado ...	'azīzi ...	عزيزي...
presentar (~ a sus padres)	'arraf	عرّف
conocer a alguien	ta'arraf	تعرّف

intención (f)	niyya (f)	نيّة
tener intención (de …)	nawa	نوى
deseo (m)	tamanni (m)	تمنّ
desear (vt) (~ buena suerte)	tamanna	تمنّى

sorpresa (f)	'aʒab (m)	عجب
sorprender (vt)	adhaʃ	أدهش
sorprenderse (vr)	indahaʃ	إندهش

dar (vt)	a'ṭa	أعطى
tomar (vt)	axað	أخذ
devolver (vt)	radd	ردّ
retornar (vt)	arʒa'	أرجع

disculparse (vr)	i'taðar	إعتذر
disculpa (f)	i'tiðār (m)	إعتذار
perdonar (vt)	'afa	عفا

hablar (vi)	taḥaddaθ	تحدّث
escuchar (vt)	istama'	إستمع
escuchar hasta el final	sami'	سمع
comprender (vt)	fahim	فهم

mostrar (vt)	'araḍ	عرض
mirar a …	naẓar	نظر
llamar (vt)	nāda	نادى
distraer (molestar)	ʃaɣal	شغل
molestar (vt)	az'aʒ	أزعج
pasar (~ un mensaje)	sallam	سلّم
petición (f)	ṭalab (m)	طلب
pedir (vt)	ṭalab	طلب
exigencia (f)	maṭlab (m)	مطلب
exigir (vt)	ṭālib	طالب

motejar (vr)	ɣāẓ	غاظ
burlarse (vr)	saxar	سخر
burla (f)	suxriyya (f)	سخرية
apodo (m)	laqab (m)	لقب

alusión (f)	talmīḥ (m)	تلميح
aludir (vi)	lamaḥ	لمح
sobrentender (vt)	qaṣad	قصد

descripción (f)	waṣf (m)	وصف
describir (vt)	waṣaf	وصف
elogio (m)	madḥ (m)	مدح
elogiar (vt)	madaḥ	مدح

decepción (f)	xaybat amal (f)	خيبة أمل
decepcionar (vt)	xayyab	خيّب
estar decepcionado	xābat 'āmāluh	خابت آماله

suposición (f)	iftirāḍ (m)	إفتراض
suponer (vt)	iftaraḍ	إفترض
advertencia (f)	taḥðīr (m)	تحذير
prevenir (vt)	ḥaððar	حذّر

64. La discusión y la conversación. Unidad 3

convencer (vt)	aqnaʿ	أقنع
calmar (vt)	tam'an	طمأن
silencio (m) (~ es oro)	sukūt (m)	سكوت
callarse (vr)	sakat	سكت
susurrar (vi, vt)	hamas	همس
susurro (m)	hamsa (f)	همسة

francamente (adv)	bi sarāha	بصراحة
en mi opinión …	fi ra'yi …	في رأيي...

detalle (m) (de la historia)	tafsīl (m)	تفصيل
detallado (adj)	mufassal	مفصّل
detalladamente (adv)	bit tafāsīl	بالتفاصيل

pista (f)	iʃāra (f), talmīh (m)	إشارة, تلميح
dar una pista	aʿta talmīh	أعطى تلميحاً

mirada (f)	nazra (f)	نظرة
echar una mirada	alqa nazra	ألقى نظرة
fija (mirada ~)	θābit	ثابت
parpadear (vi)	ramaʃ	رمش
guiñar un ojo	ɣamaz	غمز
asentir con la cabeza	hazz ra'sah	هزّ رأسه

suspiro (m)	tanahhuda (f)	تنهّدة
suspirar (vi)	tanahhad	تنهّد
estremecerse (vr)	irtaʿaʃ	إرتعش
gesto (m)	iʃārat yad (f)	إشارة يد
tocar (con la mano)	lamas	لمس
asir (~ de la mano)	amsak	أمسك
palmear (~ la espalda)	safaq	صفق

¡Cuidado!	χuð bālak!	خذ بالك!
¿De veras?	wallahi?	والله؟
¿Estás seguro?	hal anta muta'akkid?	هل أنت متأكّد؟
¡Suerte!	bit tawfīq!	بالتوفيق!
¡Ya veo!	wādih!	واضح!
¡Es una lástima!	ya lil asaf!	يا للأسف!

65. El acuerdo. El rechazo

acuerdo (m)	muwāfaqa (f)	موافقة
estar de acuerdo	wāfa'	وافق
aprobación (f)	istihsān (m)	إستحسان
aprobar (vt)	istihsan	إستحسن
rechazo (m)	rafd (m)	رفض
negarse (vr)	rafad	رفض

¡Excelente!	ʿazīm!	عظيم!
¡De acuerdo!	ittafaqna!	إتّفقنا!
¡Vale!	ittafaqna!	إتّفقنا!

prohibido (adj)	mamnū'	ممنوع
está prohibido	mamnū'	ممنوع
es imposible	mustaḥīl	مستحيل
incorrecto (adj)	ɣalaṭ	غلط

rechazar (vt)	rafaḍ	رفض
apoyar (la decisión)	ayyad	أيد
aceptar (vt)	qabil	قبل

confirmar (vt)	aθbat	أثبت
confirmación (f)	iθbāt (m)	إثبات
permiso (m)	samāḥ (m)	سماح
permitir (vt)	samaḥ	سمح
decisión (f)	qarār (m)	قرار
no decir nada	ṣamat	صمت

condición (f)	ʃarṭ (m)	شرط
excusa (f) (pretexto)	'uðr (m)	عذر
elogio (m)	madḥ (m)	مدح
elogiar (vt)	madaḥ	مدح

66. El éxito. La buena suerte. El fracaso

éxito (m)	naʒāḥ (m)	نجاح
con éxito (adv)	bi naʒāḥ	بنجاح
exitoso (adj)	nāʒiḥ	ناجح
suerte (f)	ḥaẓẓ (m)	حظ
¡Suerte!	bit tawfīq!	بالتوفيق!
de suerte (día ~)	murawaffiq	متوفق
afortunado (adj)	maḥẓūẓ	محظوظ

fiasco (m)	faʃl (m)	فشل
infortunio (m)	sū' al ḥaẓẓ (m)	سوء الحظ
mala suerte (f)	sū' al ḥaẓẓ (m)	سوء الحظ
fracasado (adj)	fāʃil	فاشل
catástrofe (f)	kāriθa (f)	كارثة

orgullo (m)	faxr (m)	فخر
orgulloso (adj)	faxūr	فخور
estar orgulloso	iftaxar	إفتخر

ganador (m)	fā'iz (m)	فائز
ganar (vi)	fāz	فاز
perder (vi)	xasir	خسر
tentativa (f)	muḥāwala (f)	محاولة
intentar (tratar)	ḥāwal	حاول
chance (f)	furṣa (f)	فرصة

67. Las discusiones. Las emociones negativas

grito (m)	ṣarxa (f)	صرخة
gritar (vi)	ṣarax	صرخ

comenzar a gritar	ṣaraχ	صرخ
disputa (f), riña (f)	muʃāʒara (f)	مشاجرة
reñir (vi)	taʃāʒar	تشاجر
escándalo (m) (riña)	muʃāʒara (f)	مشاجرة
causar escándalo	taʃāʒar	تشاجر
conflicto (m)	χilāf (m)	خلاف
malentendido (m)	sūʾat tafāhum (m)	سوء التفاهم

insulto (m)	ihāna (f)	إهانة
insultar (vt)	ahān	أهان
insultado (adj)	muhān	مهان
ofensa (f)	ḍaym (m)	ضيم
ofender (vt)	asāʾ	أساء
ofenderse (vr)	istāʾ	إستاء

indignación (f)	istiyāʾ (m)	إستياء
indignarse (vr)	istāʾ	إستاء
queja (f)	ʃakwa (f)	شكوى
quejarse (vr)	ʃaka	شكا

disculpa (f)	iʿtiðār (m)	إعتذار
disculparse (vr)	iʿtaðar	إعتذر
pedir perdón	iʿtaðar	إعتذر

crítica (f)	naqd (m)	نقد
criticar (vt)	naqad	نقد
acusación (f)	ittihām (m)	إتهام
acusar (vt)	ittaham	إتهم

venganza (f)	intiqām (m)	إنتقام
vengar (vt)	intaqam	إنتقم
pagar (vt)	radd	رد

desprecio (m)	ihtiqār (m)	إحتقار
despreciar (vt)	ihtaqar	إحتقر
odio (m)	karāha (f)	كراهة
odiar (vt)	karah	كره

nervioso (adj)	ʿaṣabiy	عصبيّ
estar nervioso	qalaq	قلق
enfadado (adj)	zaʿlān	زعلان
enfadar (vt)	azʿal	أزعل

humillación (f)	iðlāl (m)	إذلال
humillar (vt)	ðallal	ذلّل
humillarse (vr)	taðallal	تذلّل

choque (m)	ṣadma (f)	صدمة
chocar (vi)	ṣadam	صدم

molestia (f) (problema)	muʃkila (f)	مشكلة
desagradable (adj)	karīh	كريه

miedo (m)	χawf (m)	خوف
terrible (tormenta, etc.)	ʃadīd	شديد
de miedo (historia ~)	muχīf	مخيف

| horror (m) | ruʿb (m) | رعب |
| horrible (adj) | murʿib | مرعب |

empezar a temblar	irtaʿaʃ	إرتعش
llorar (vi)	baka	بكى
comenzar a llorar	baka	بكى
lágrima (f)	damaʿa (f)	دمعة

culpa (f)	ɣalṭa (f)	غلطة
remordimiento (m)	ðamb (m)	ذنب
deshonra (f)	ʿār (m)	عار
protesta (f)	iḥtiʒāʒ (m)	إحتجاج
estrés (m)	tawattur (m)	توتّر

molestar (vt)	azʿaʒ	أزعج
estar furioso	ɣaḍib	غضب
enfadado (adj)	ɣaḍbān	غضبان
terminar (vt)	anha	أنهى
regañar (vt)	ʃātam	شاتم

asustarse (vr)	xāf	خاف
golpear (vt)	ḍarab	ضرب
pelear (vi)	taʿārak	تعارك

resolver (~ la discusión)	sawwa	سوّى
descontento (adj)	ɣayr rāḍi	غير راض
furioso (adj)	ʿanīf	عنيف

| ¡No está bien! | laysa haða amr ʒayyid! | ليس هذا أمرًا جيّدًا! |
| ¡Está mal! | haða amr sayyiʾ! | هذا أمر سيّء! |

La medicina

enfermedad (f)	maraḍ (m)	مرض
estar enfermo	maraḍ	مرض
salud (f)	ṣiḥḥa (f)	صحّة
resfriado (m) (coriza)	zukām (m)	زكام
angina (f)	iltihāb al lawzatayn (m)	التهاب اللوزتين
resfriado (m)	bard (m)	برد
resfriarse (vr)	aṣābahu al bard	أصابه البرد
bronquitis (f)	iltihāb al qaṣabāt (m)	إلتهاب القصبات
pulmonía (f)	iltihāb ar ri'atayn (m)	إلتهاب الرئتين
gripe (f)	inflūnza (f)	إنفلونزا
miope (adj)	qaṣīr an naẓar	قصير النظر
présbita (adj)	ba'īd an naẓar	بعيد النظر
estrabismo (m)	ḥawal (m)	حول
estrábico (m) (adj)	aḥwal	أحول
catarata (f)	katarakt (f)	كاتاراكت
glaucoma (m)	glawkūma (f)	جلوكوما
insulto (m)	sakta (f)	سكتة
ataque (m) cardiaco	iḥtiʃāʾ (m)	إحتشاء
infarto (m) de miocardio	nawba qalbiya (f)	نوبة قلبية
parálisis (f)	ʃalal (m)	شلل
paralizar (vt)	ʃall	شلّ
alergia (f)	ḥassāsiyya (f)	حسّاسيّة
asma (f)	rabw (m)	ربو
diabetes (f)	ad dāʾ as sukkariy (m)	الداء السكّريّ
dolor (m) de muelas	alam al asnān (m)	ألم الأسنان
caries (f)	naxar al asnān (m)	نخر الأسنان
diarrea (f)	ishāl (m)	إسهال
estreñimiento (m)	imsāk (m)	إمساك
molestia (f) estomacal	'usr al haḍm (m)	عسر الهضم
envenenamiento (m)	tasammum (m)	تسمّم
envenenarse (vr)	tasammam	تسمّم
artritis (f)	iltihāb al mafāṣil (m)	إلتهاب المفاصل
raquitismo (m)	kusāḥ al aṭfāl (m)	كساح الأطفال
reumatismo (m)	riumatizm (m)	روماتزم
ateroesclerosis (f)	taṣṣallub aʃ ʃarayīn (m)	تصلّب الشرايين
gastritis (f)	iltihāb al ma'ida (m)	إلتهاب المعدة
apendicitis (f)	iltihāb az zāʾida ad dūdiyya (m)	إلتهاب الزائدة الدوديّة

| colecistitis (f) | iltihāb al marāra (m) | إلتهاب المرارة |
| úlcera (f) | qurḥa (f) | قرحة |

sarampión (m)	maraḍ al ḥaṣba (m)	مرض الحصبة
rubeola (f)	ḥaṣba almāniyya (f)	حصبة ألمانية
ictericia (f)	yaraqān (m)	يرقان
hepatitis (f)	iltihāb al kabd al vayrūsiy (m)	إلتهاب الكبد الفيروسي

esquizofrenia (f)	ʃizufrīniya (f)	شيزوفرينيا
rabia (f) (hidrofobia)	dā' al kalb (m)	داء الكلب
neurosis (f)	ʿiṣāb (m)	عصاب
conmoción (f) cerebral	irtiʒāʒ al muxx (m)	إرتجاج المخ

cáncer (m)	saraṭān (m)	سرطان
esclerosis (f)	taṣṣallub (m)	تصلب
esclerosis (m) múltiple	taṣṣallub mutaʿaddid (m)	تصلب متعدد

alcoholismo (m)	idmān al xamr (m)	إدمان الخمر
alcohólico (m)	mudmin al xamr (m)	مدمن الخمر
sífilis (f)	sifilis az zuhariy (m)	سفلس الزهري
SIDA (m)	al aydz (m)	الايدز

tumor (m)	waram (m)	ورم
maligno (adj)	xabīθ	خبيث
benigno (adj)	ḥamīd (m)	حميد

fiebre (f)	ḥumma (f)	حمّى
malaria (f)	malāriya (f)	ملاريا
gangrena (f)	ɣanɣrīna (f)	غنغرينا
mareo (m)	duwār al baḥr (m)	دوار البحر
epilepsia (f)	maraḍ aṣ ṣarʿ (m)	مرض الصرع

epidemia (f)	wabā' (m)	وباء
tifus (m)	tīfus (m)	تيفوس
tuberculosis (f)	maraḍ as sull (m)	مرض السلّ
cólera (f)	kulīra (f)	كوليرا
peste (f)	ṭāʿūn (m)	طاعون

69. Los síntomas. Los tratamientos. Unidad 1

síntoma (m)	ʿaraḍ (m)	عرض
temperatura (f)	ḥarāra (f)	حرارة
fiebre (f)	ḥumma (f)	حمّى
pulso (m)	nabḍ (m)	نبض

mareo (m) (vértigo)	dawxa (f)	دوخة
caliente (adj)	ḥārr	حارّ
escalofrío (m)	nafaḍān (m)	نفضان
pálido (adj)	aṣfar	أصفر

tos (f)	suʿāl (m)	سعال
toser (vi)	saʿal	سعل
estornudar (vi)	ʿaṭas	عطس
desmayo (m)	iɣmā' (m)	إغماء

desmayarse (vr)	ɣumiya ʿalayh	غمي عليه
moradura (f)	kadma (f)	كدمة
chichón (m)	tawarrum (m)	تورّم
golpearse (vr)	iṣtadam	إصطدم
magulladura (f)	raḍḍ (m)	رضّ
magullarse (vr)	taraḍḍaḍ	ترضّض

cojear (vi)	ʿaraʒ	عرج
dislocación (f)	χalʿ (m)	خلع
dislocar (vt)	χalaʿ	خلع
fractura (f)	kasr (m)	كسر
tener una fractura	inkasar	إنكسر

corte (m) (tajo)	ʒurḥ (m)	جرح
cortarse (vr)	ʒaraḥ nafsah	جرح نفسه
hemorragia (f)	nazf (m)	نزف

quemadura (f)	ḥarq (m)	حرق
quemarse (vr)	taʃayyat	تشيطّ

pincharse (~ el dedo)	waχaz	وخز
pincharse (vr)	waχaz nafsah	وخز نفسه
herir (vt)	aṣāb	أصاب
herida (f)	iṣāba (f)	إصابة
lesión (f) (herida)	ʒurḥ (m)	جرح
trauma (m)	ṣadma (f)	صدمة

delirar (vi)	haða	هذى
tartamudear (vi)	talaʿsam	تلعثم
insolación (f)	ḍarbat ʃams (f)	ضربة شمس

70. Los síntomas. Los tratamientos. Unidad 2

dolor (m)	alam (m)	ألم
astilla (f)	ʃaẓiyya (f)	شظيّة

sudor (m)	ʿirq (m)	عرق
sudar (vi)	ʿariq	عرق
vómito (m)	taqayyuʿ (m)	تقيؤ
convulsiones (f pl)	taʃannuʒāt (pl)	تشنّجات

embarazada (adj)	ḥāmil	حامل
nacer (vi)	wulid	وُلد
parto (m)	wilāda (f)	ولادة
dar a luz	walad	ولد
aborto (m)	iʒhāḍ (m)	إجهاض

respiración (f)	tanaffus (m)	تنفّس
inspiración (f)	istinʃāq (m)	إستنشاق
espiración (f)	zafīr (m)	زفير
espirar (vi)	zafar	زفر
inspirar (vi)	istanʃaq	إستنشق
inválido (m)	muʿāq (m)	معاق
mutilado (m)	muqʿad (m)	مقعد

drogadicto (m)	mudmin muχaddirāt (m)	مدمن مخدّرات
sordo (adj)	aṭraʃ	أطرش
mudo (adj)	aχras	أخرس
sordomudo (adj)	aṭraʃ aχras	أطرش أخرس

loco (adj)	maʒnūn	مجنون
loco (m)	maʒnūn (m)	مجنون
loca (f)	maʒnūna (f)	مجنونة
volverse loco	ʒunn	جنّ

gen (m)	ʒīn (m)	جين
inmunidad (f)	manāʻa (f)	مناعة
hereditario (adj)	wirāθiy	وراثيّ
de nacimiento (adj)	χilqiy munð al wilāda	خلقيّ منذ الولادة

virus (m)	virūs (m)	فيروس
microbio (m)	mikrūb (m)	ميكروب
bacteria (f)	ʒurθūma (f)	جرثومة
infección (f)	ʻadwa (f)	عدوى

71. Los síntomas. Los tratamientos. Unidad 3

hospital (m)	mustaʃfa (m)	مستشفى
paciente (m)	marīḍ (m)	مريض

diagnosis (f)	taʃχīṣ (m)	تشخيص
cura (f)	ʻilāʒ (m)	علاج
tratamiento (m)	ʻilāʒ (m)	علاج
curarse (vr)	taʻālaʒ	تعالج
tratar (vt)	ʻālaʒ	عالج
cuidar (a un enfermo)	marraḍ	مرّض
cuidados (m pl)	ʻināya (f)	عناية

operación (f)	ʻamaliyya ʒaraḥiyya (f)	عمليّة جرحيّة
vendar (vt)	ḍammad	ضمّد
vendaje (m)	taḍmīd (m)	تضميد

vacunación (f)	talqīḥ (m)	تلقيح
vacunar (vt)	laqqaḥ	لقّح
inyección (f)	ḥuqna (f)	حقنة
aplicar una inyección	ḥaqan ibra	حقن إبرة

ataque (m)	nawba (f)	نوبة
amputación (f)	batr (m)	بتر
amputar (vt)	batar	بتر
coma (m)	γaybūba (f)	غيبوبة
estar en coma	kān fi ḥālat γaybūba	كان في حالة غيبوبة
revitalización (f)	al ʻināya al murakkaza (f)	العناية المركّزة

recuperarse (vr)	ʃufiy	شفي
estado (m) (de salud)	ḥāla (f)	حالة
consciencia (f)	waʻy (m)	وعي
memoria (f)	ðākira (f)	ذاكرة
extraer (un diente)	χalaʻ	خلع

| empaste (m) | ḥaʃw (m) | حشو |
| empastar (vt) | ḥaʃa | حشا |

| hipnosis (f) | at tanwīm al maɣnaṭīsiy (m) | التنويم المغناطيسيّ |
| hipnotizar (vt) | nawwam | نوّم |

72. Los médicos

médico (m)	ṭabīb (m)	طبيب
enfermera (f)	mumarriḍa (f)	ممرّضة
médico (m) personal	duktūr ʃaχṣiy (m)	دكتور شخصيّ

dentista (m)	ṭabīb al asnān (m)	طبيب الأسنان
oftalmólogo (m)	ṭabīb al ʿuyūn (m)	طبيب العيون
internista (m)	ṭabīb bāṭiniy (m)	طبيب باطنيّ
cirujano (m)	ʒarrāḥ (m)	جرّاح

psiquiatra (m)	ṭabīb nafsiy (m)	طبيب نفسيّ
pediatra (m)	ṭabīb al aṭfāl (m)	طبيب الأطفال
psicólogo (m)	sikulūʒiy (m)	سيكولوجيّ
ginecólogo (m)	ṭabīb an nisāʾ (m)	طبيب النساء
cardiólogo (m)	ṭabīb al qalb (m)	طبيب القلب

73. La medicina. Las drogas. Los accesorios

medicamento (m), droga (f)	dawāʾ (m)	دواء
remedio (m)	ʿilāʒ (m)	علاج
prescribir (vt)	waṣaf	وصف
receta (f)	waṣfa (f)	وصفة

tableta (f)	qurṣ (m)	قرص
ungüento (m)	marham (m)	مرهم
ampolla (f)	ambūla (f)	أمبولة
mixtura (f), mezcla (f)	dawāʾ ʃarāb (m)	دواء شراب
sirope (m)	ʃarāb (m)	شراب
píldora (f)	ḥabba (f)	حبّة
polvo (m)	ðarūr (m)	ذرور

venda (f)	ḍammāda (f)	ضمادة
algodón (m) (discos de ~)	quṭn (m)	قطن
yodo (m)	yūd (m)	يود

tirita (f), curita (f)	blāstir (m)	بلاستر
pipeta (f)	māṣṣat al bastara (f)	ماصّة البسترة
termómetro (m)	tirmūmitr (m)	ترمومتر
jeringa (f)	miḥqana (f)	محقنة

| silla (f) de ruedas | kursiy mutaḥarrik (m) | كرسي متحرّك |
| muletas (f pl) | ʿukkāzān (du) | عكّازان |

| anestésico (m) | musakkin (m) | مسكّن |
| purgante (m) | mulayyin (m) | مليّن |

alcohol (m)	iθanūl (m)	إيثانول
hierba (f) medicinal	aʿʃāb ṭibbiyya (pl)	أعشاب طبية
de hierbas (té ~)	ʿuʃbiy	عشبي

74. El tabaquismo. Los productos del tabaco

tabaco (m)	tabɣ (m)	تبغ
cigarrillo (m)	sīʒāra (f)	سيجارة
cigarro (m)	sīʒār (m)	سيجار
pipa (f)	ɣalyūn (m)	غليون
paquete (m)	ʿulba (f)	علبة

cerillas (f pl)	kibrīt (m)	كبريت
caja (f) de cerillas	ʿulbat kibrīt (f)	علبة كبريت
encendedor (m)	wallāʿa (f)	ولّاعة
cenicero (m)	ṭaqṭūqa (f)	طقطوقة
pitillera (f)	ʿulbat saʒāʾir (f)	علبة سجائر

| boquilla (f) | ḥamilat siʒāra (f) | حاملة سيجارة |
| filtro (m) | filtir (m) | فلتر |

fumar (vi, vt)	daxxan	دخّن
encender un cigarrillo	aʃʿal siʒāra	أشعل سيجارة
tabaquismo (m)	tadxīn (m)	تدخين
fumador (m)	mudaxxin (m)	مدخّن

colilla (f)	ʿuqb siʒāra (m)	عقب سيجارة
humo (m)	duxān (m)	دخان
ceniza (f)	ramād (m)	رماد

EL AMBIENTE HUMANO

La ciudad

ciudad (f)	madīna (f)	مدينة
capital (f)	ʿāṣima (f)	عاصمة
aldea (f)	qarya (f)	قرية
plano (m) de la ciudad	xarīṭat al madīna (f)	خريطة المدينة
centro (m) de la ciudad	markaz al madīna (m)	مركز المدينة
suburbio (m)	ḍāḥiya (f)	ضاحية
suburbano (adj)	aḍ ḍawāḥi	الضواحي
arrabal (m)	aṭrāf al madīna (pl)	أطراف المدينة
afueras (f pl)	ḍawāḥi al madīna (pl)	ضواحي المدينة
barrio (m)	ḥayy (m)	حي
zona (f) de viviendas	ḥayy sakaniy (m)	حي سكني
tráfico (m)	ḥarakat al murūr (f)	حركة المرور
semáforo (m)	iʃārāt al murūr (pl)	إشارات المرور
transporte (m) urbano	wasāʾil an naql (pl)	وسائل النقل
cruce (m)	taqāṭuʿ (m)	تقاطع
paso (m) de peatones	maʿbar al muʃāt (m)	معبر المشاة
paso (m) subterráneo	nafaq muʃāt (m)	نفق مشاة
cruzar (vt)	ʿabar	عبر
peatón (m)	māʃi (m)	ماش
acera (f)	raṣīf (m)	رصيف
puente (m)	ʒisr (m)	جسر
muelle (m)	kurnīʃ (m)	كورنيش
fuente (f)	nāfūra (f)	نافورة
alameda (f)	mamʃa (m)	ممشى
parque (m)	ḥadīqa (f)	حديقة
bulevar (m)	bulvār (m)	بولفار
plaza (f)	maydān (m)	ميدان
avenida (f)	ʃāriʿ (m)	شارع
calle (f)	ʃāriʿ (m)	شارع
callejón (m)	zuqāq (m)	زقاق
callejón (m) sin salida	ṭarīq masdūd (m)	طريق مسدود
casa (f)	bayt (m)	بيت
edificio (m)	mabna (m)	مبنى
rascacielos (m)	nāṭiḥat saḥāb (f)	ناطحة سحاب
fachada (f)	wāʒiha (f)	واجهة
techo (m)	saqf (m)	سقف

ventana (f)	ʃubbāk (m)	شبّاك
arco (m)	qaws (m)	قوس
columna (f)	ʿamūd (m)	عمود
esquina (f)	zāwiya (f)	زاوية

escaparate (f)	vatrīna (f)	فترينة
letrero (m) (~ luminoso)	lāfita (f)	لافتة
cartel (m)	mulṣaq (m)	ملصق
cartel (m) publicitario	mulṣaq iʿlāniy (m)	ملصق إعلاني
valla (f) publicitaria	lawḥat iʿlānāt (f)	لوحة إعلانات

basura (f)	zubāla (f)	زبالة
cajón (m) de basura	ṣundūq zubāla (m)	صندوق زبالة
tirar basura	rama zubāla	رمى زبالة
basurero (m)	mazbala (f)	مزبلة

cabina (f) telefónica	kuʃk tilifūn (m)	كشك تليفون
farola (f)	ʿamūd al miṣbāḥ (m)	عمود المصباح
banco (m) (del parque)	dikka (f), kursiy (m)	دكّة, كرسي

policía (m)	ʃurṭiy (m)	شرطيّ
policía (f) (~ nacional)	ʃurṭa (f)	شرطة
mendigo (m)	ʃaḥḥāð (m)	شحّاذ
persona (f) sin hogar	mutaʃarrid (m)	متشرّد

76. Las instituciones urbanas

tienda (f)	maḥall (m)	محلّ
farmacia (f)	ṣaydaliyya (f)	صيدليّة
óptica (f)	al adawāt al baṣariyya (pl)	الأدوات البصريّة
centro (m) comercial	markaz tiʒāriy (m)	مركز تجاري
supermercado (m)	subirmarkit (m)	سوبرماركت

panadería (f)	maxbaz (m)	مخبز
panadero (m)	xabbāz (m)	خبّاز
pastelería (f)	dukkān ḥalawāniy (m)	دكّان حلواني
tienda (f) de comestibles	baqqāla (f)	بقّالة
carnicería (f)	malḥama (f)	ملحمة

verdulería (f)	dukkān xuḍār (m)	دكّان خضار
mercado (m)	sūq (f)	سوق

cafetería (f)	kafé (m), maqha (m)	كافيه, مقهى
restaurante (m)	maṭʿam (m)	مطعم
cervecería (f)	ḥāna (f)	حانة
pizzería (f)	maṭʿam pizza (m)	مطعم بيتزا

peluquería (f)	ṣālūn ḥilāqa (m)	صالون حلاقة
oficina (f) de correos	maktab al barīd (m)	مكتب البريد
tintorería (f)	tanẓīf ʒāff (m)	تنظيف جافّ
estudio (m) fotográfico	istūdiyu taṣwīr (m)	إستوديو تصوير

zapatería (f)	maḥall aḥðiya (m)	محلّ أحذية
librería (f)	maḥall kutub (m)	محلّ كتب

tienda (f) deportiva	maḥall riyāḍiy (m)	محلّ رياضيّ
arreglos (m pl) de ropa	maḥall ẖiyāṭat malābis (m)	محلّ خياطة ملابس
alquiler (m) de ropa	maḥall ta'ʒīr malābis rasmiyya (m)	محلّ تأجير ملابس رسمية
videoclub (m)	maḥal ta'ʒīr vidiyu (m)	محلّ تأجير فيديو
circo (m)	sirk (m)	سيرك
zoológico (m)	ḥadīqat al ḥayawān (f)	حديقة حيوان
cine (m)	sinima (f)	سينما
museo (m)	matḥaf (m)	متحف
biblioteca (f)	maktaba (f)	مكتبة
teatro (m)	masraḥ (m)	مسرح
ópera (f)	ubra (f)	أوبرا
club (m) nocturno	malha layliy (m)	ملهى ليليّ
casino (m)	kazinu (m)	كازينو
mezquita (f)	masʒid (m)	مسجد
sinagoga (f)	kanīs maʿbad yahūdiy (m)	كنيس معبد يهوديّ
catedral (f)	katidrā'iyya (f)	كاتدرائيّة
templo (m)	maʿbad (m)	معبد
iglesia (f)	kanīsa (f)	كنيسة
instituto (m)	kulliyya (m)	كليّة
universidad (f)	ʒāmiʿa (f)	جامعة
escuela (f)	madrasa (f)	مدرسة
prefectura (f)	muqāṭaʿa (f)	مقاطعة
alcaldía (f)	baladiyya (f)	بلديّة
hotel (m)	funduq (m)	فندق
banco (m)	bank (m)	بنك
embajada (f)	safāra (f)	سفارة
agencia (f) de viajes	ʃarikat siyāḥa (f)	شركة سياحة
oficina (f) de información	maktab al istiʿlāmāt (m)	مكتب الإستعلامات
oficina (f) de cambio	ṣarrāfa (f)	صرّافة
metro (m)	mitru (m)	مترو
hospital (m)	mustaʃfa (m)	مستشفى
gasolinera (f)	maḥaṭṭat banzīn (f)	محطّة بنزين
aparcamiento (m)	mawqif as sayyārāt (m)	موقف السيّارات

77. El transporte urbano

autobús (m)	bāṣ (m)	باص
tranvía (m)	trām (m)	ترام
trolebús (m)	truli bāṣ (m)	ترولي باص
itinerario (m)	ẖaṭṭ (m)	خطّ
número (m)	raqm (m)	رقم
ir en ...	rakib ...	ركب...
tomar (~ el autobús)	rakib	ركب
bajar (~ del tren)	nazil min	نزل من

parada (f)	mawqif (m)	موقف
próxima parada (f)	al mahatta al qādima (f)	المحطة القادمة
parada (f) final	āxir mahatta (f)	آخر محطة
horario (m)	ȝadwal (m)	جدول
esperar (aguardar)	intazar	إنتظر
billete (m)	taðkira (f)	تذكرة
precio (m) del billete	uȝra (f)	أجرة
cajero (m)	ṣarrāf (m)	صرّاف
control (m) de billetes	taftīȝ taðkira (m)	تفتيش تذكرة
revisor (m)	mufattiʃ taðākir (m)	مفتّش تذاكر
llegar tarde (vi)	ta'axxar	تأخّر
perder (~ el tren)	ta'axxar	تأخّر
tener prisa	ista'ȝal	إستعجل
taxi (m)	taksi (m)	تاكسي
taxista (m)	sā'iq taksi (m)	سائق تاكسي
en taxi	bit taksi	بالتاكسي
parada (f) de taxi	mawqif taksi (m)	موقف تاكسي
llamar un taxi	kallam tāksi	كلّم تاكسي
tomar un taxi	axað taksi	أخذ تاكسي
tráfico (m)	harakat al murūr (f)	حركة المرور
atasco (m)	zahmat al murūr (f)	زحمة المرور
horas (f pl) de punta	sā'at að ðurwa (f)	ساعة الذروة
aparcar (vi)	awqaf	أوقف
aparcar (vt)	awqaf	أوقف
aparcamiento (m)	mawqif as sayyārāt (m)	موقف السيارات
metro (m)	mitru (m)	مترو
estación (f)	mahatta (f)	محطة
ir en el metro	rakib al mitru	ركب المترو
tren (m)	qitār (m)	قطار
estación (f)	mahattat qitār (f)	محطة قطار

78. El turismo. La excursión

monumento (m)	timθāl (m)	تمثال
fortaleza (f)	qal'a (f), hisn (m)	قلعة، حصن
palacio (m)	qaṣr (m)	قصر
castillo (m)	qal'a (f)	قلعة
torre (f)	burȝ (m)	برج
mausoleo (m)	darīh (m)	ضريح
arquitectura (f)	handasa mi'māriyya (f)	هندسة معماريّة
medieval (adj)	min al qurūn al wusta	من القرون الوسطى
antiguo (adj)	qadīm	قديم
nacional (adj)	wataniy	وطنيّ
conocido (adj)	maʃhūr	مشهور
turista (m)	sā'ih (m)	سائح
guía (m) (persona)	murʃid (m)	مرشد

75

excursión (f)	ʒawla (f)	جولة
mostrar (vt)	ʿaraḍ	عرض
contar (una historia)	ḥaddaθ	حدث

encontrar (hallar)	waʒad	وجد
perderse (vr)	ḍāʿ	ضاع
plano (m) (~ de metro)	xarīṭa (f)	خريطة
mapa (m) (~ de la ciudad)	xarīṭa (f)	خريطة

recuerdo (m)	tiðkār (m)	تذكار
tienda (f) de regalos	maḥall hadāya (m)	محل هدايا
hacer fotos	ṣawwar	صور
fotografiarse (vr)	taṣawwar	تصور

79. Las compras

comprar (vt)	iʃtara	إشترى
compra (f)	ʃayʾ (m)	شيء
hacer compras	iʃtara	إشترى
compras (f pl)	ʃubinʏ (m)	شوبينغ

| estar abierto (tienda) | maftūḥ | مفتوح |
| estar cerrado | muʏlaq | مغلق |

calzado (m)	aḥðiya (pl)	أحذية
ropa (f)	malābis (pl)	ملابس
cosméticos (m pl)	mawādd at taʒmīl (pl)	مواد التجميل
productos alimenticios	maʾkūlāt (pl)	مأكولات
regalo (m)	hadiyya (f)	هدية

| vendedor (m) | bāʾiʿ (m) | بائع |
| vendedora (f) | bāʾiʿa (f) | بائعة |

caja (f)	ṣundūʾ ad dafʿ (m)	صندوق الدفع
espejo (m)	mirʾāt (f)	مرآة
mostrador (m)	minḍada (f)	منضدة
probador (m)	ʏurfat al qiyās (f)	غرفة القياس

probar (un vestido)	ʒarrab	جرب
quedar (una ropa, etc.)	nāsab	ناسب
gustar (vi)	aʿʒab	أعجب

precio (m)	siʿr (m)	سعر
etiqueta (f) de precio	tikit as siʿr (m)	تيكت السعر
costar (vt)	kallaf	كلف
¿Cuánto?	bikam?	بكم؟
descuento (m)	xaṣm (m)	خصم

no costoso (adj)	ʏayr ʏāli	غير غال
barato (adj)	raxīṣ	رخيص
caro (adj)	ʏāli	غال
Es caro	haða ʏāli	هذا غال
alquiler (m)	istiʾʒār (m)	إستئجار
alquilar (vt)	istaʾʒar	إستأجر

| crédito (m) | i'timān (m) | إئتمان |
| a crédito (adv) | bid dayn | بالدين |

80. El dinero

dinero (m)	nuqūd (pl)	نقود
cambio (m)	tahwīl 'umla (m)	تحويل عملة
curso (m)	si'r aș șarf (m)	سعر الصرف
cajero (m) automático	șarrāf 'āliy (m)	صرّاف آليّ
moneda (f)	qiț'a naqdiyya (f)	قطعة نقدية

| dólar (m) | dulār (m) | دولار |
| euro (m) | yuru (m) | يورو |

lira (f)	lira ițāliyya (f)	ليرة إيطالية
marco (m) alemán	mark almāniy (m)	مارك ألماني
franco (m)	frank (m)	فرنك
libra esterlina (f)	ʒunayh istirlīniy (m)	جنيه استرليني
yen (m)	yīn (m)	ين

deuda (f)	dayn (m)	دين
deudor (m)	mudīn (m)	مدين
prestar (vt)	sallaf	سلّف
tomar prestado	istalaf	إستلف

banco (m)	bank (m)	بنك
cuenta (f)	ḥisāb (m)	حساب
ingresar (~ en la cuenta)	awda'	أودع
ingresar en la cuenta	awda' fil ḥisāb	أودع في الحساب
sacar de la cuenta	saḥab min al ḥisāb	سحب من الحساب

tarjeta (f) de crédito	bițāqat i'timān (f)	بطاقة إئتمان
dinero (m) en efectivo	nuqūd (pl)	نقود
cheque (m)	ʃīk (m)	شيك
sacar un cheque	katab ʃīk	كتب شيكاً
talonario (m)	daftar ʃīkāt (m)	دفتر شيكات

cartera (f)	maḥfaẓat ʒīb (f)	محفظة جيب
monedero (m)	maḥfaẓat fakka (f)	محفظة فكة
caja (f) fuerte	xizāna (f)	خزانة

heredero (m)	wāris (m)	وارث
herencia (f)	wirāθa (f)	وراثة
fortuna (f)	θarwa (f)	ثروة

arriendo (m)	'īʒār (m)	إيجار
alquiler (m) (dinero)	uʒrat as sakan (f)	أجرة السكن
alquilar (~ una casa)	istaʒar	إستأجر

precio (m)	si'r (m)	سعر
coste (m)	θaman (m)	ثمن
suma (f)	mablaɣ (m)	مبلغ
gastar (vt)	șaraf	صرف
gastos (m pl)	mașārīf (pl)	مصاريف

economizar (vi, vt)	waffar	وفَر
económico (adj)	muwaffir	موفَر
pagar (vi, vt)	dafa'	دفع
pago (m)	daf' (m)	دفع
cambio (m) (devolver el ~)	al bāqi (m)	الباقي
impuesto (m)	ḍarība (f)	ضريبة
multa (f)	ɣarāma (f)	غرامة
multar (vt)	faraḍ ɣarāma	فرض غرامة

81. La oficina de correos

oficina (f) de correos	maktab al barīd (m)	مكتب البريد
correo (m) (cartas, etc.)	al barīd (m)	البريد
cartero (m)	sā'i al barīd (m)	ساعي البريد
horario (m) de apertura	awqāt al 'amal (pl)	أوقات العمل
carta (f)	risāla (f)	رسالة
carta (f) certificada	risāla musaʒʒala (f)	رسالة مسجَلة
tarjeta (f) postal	biṭāqa barīdiyya (f)	بطاقة بريديّة
telegrama (m)	barqiyya (f)	برقيّة
paquete (m) postal	ṭard (m)	طرد
giro (m) postal	ḥawāla māliyya (f)	حوالة ماليّة
recibir (vt)	istalam	إستلم
enviar (vt)	arsal	أرسل
envío (m)	irsāl (m)	إرسال
dirección (f)	'unwān (m)	عنوان
código (m) postal	raqm al barīd (m)	رقم البريد
expedidor (m)	mursil (m)	مرسل
destinatario (m)	mursal ilayh (m)	مرسل إليه
nombre (m)	ism (m)	إسم
apellido (m)	ism al 'ā'ila (m)	إسم العائلة
tarifa (f)	ta'rīfa (f)	تعريفة
ordinario (adj)	'ādiy	عاديّ
económico (adj)	muwaffir	موفَر
peso (m)	wazn (m)	وزن
pesar (~ una carta)	wazan	وزن
sobre (m)	ẓarf (m)	ظرف
sello (m)	ṭābi' (m)	طابع
poner un sello	alṣaq ṭābi'	ألصق طابعا

La vivienda. La casa. El hogar

82. La casa. La vivienda

casa (f)	bayt (m)	بيت
en casa (adv)	fil bayt	في البيت
patio (m)	finā' (m)	فناء
verja (f)	sūr (m)	سور
ladrillo (m)	ṭūb (m)	طوب
de ladrillo (adj)	min aṭ ṭūb	من الطوب
piedra (f)	ḥaʒar (m)	حجر
de piedra (adj)	ḥaʒariy	حجريّ
hormigón (m)	xarasāna (f)	خرسانة
de hormigón (adj)	xarasāniy	خرسانيّ
nuevo (adj)	ʒadīd	جديد
viejo (adj)	qadīm	قديم
deteriorado (adj)	'āyil lis suqūṭ	آيل للسقوط
moderno (adj)	muʿāṣir	معاصر
de muchos pisos	mutaʿaddid aṭ ṭawābiq	متعدّد الطوابق
alto (adj)	ʿāli	عال
piso (m), planta (f)	ṭābiq (m)	طابق
de una sola planta	ðu ṭābiq wāḥid	ذو طابق واحد
piso (m) bajo	ṭābiq sufliy (m)	طابق سفليّ
piso (m) alto	ṭābiq ʿulwiy (m)	طابق علويّ
techo (m)	saqf (m)	سقف
chimenea (f)	madxana (f)	مدخنة
tejas (f pl)	qirmīd (m)	قرميد
de tejas (adj)	min al qirmīd	من القرميد
desván (m)	ʿullayya (f)	علّية
ventana (f)	ʃubbāk (m)	شبّاك
vidrio (m)	zuʒāʒ (m)	زجاج
alféizar (m)	raff ʃubbāk (f)	رف شبّاك
contraventanas (f pl)	darf ʃubbāk (m)	درف شبّاك
pared (f)	ḥā'iṭ (m)	حائط
balcón (m)	ʃurfa (f)	شرفة
gotera (f)	masūrat at taṣrīf (f)	ماسورة التصريف
arriba (estar ~)	fawq	فوق
subir (vi)	ṣaʿad	صعد
descender (vi)	nazil	نزل
mudarse (vr)	intaqal	إنتقل

79

83. La casa. La entrada. El ascensor

entrada (f)	madχal (m)	مدخل
escalera (f)	sullam (m)	سلّم
escalones (m pl)	daraჳāt (pl)	درجات
baranda (f)	drabizīn (m)	درابزين
vestíbulo (m)	ṣāla (f)	صالة
buzón (m)	ṣundūq al barīd (m)	صندوق البريد
contenedor (m) de basura	ṣundūq az zubāla (m)	صندوق الزبالة
bajante (f) de basura	manfað að ðubāla (m)	منفذ الزبالة
ascensor (m)	miṣʿad (m)	مصعد
ascensor (m) de carga	miṣʿad aʃ ʃaḥn (m)	مصعد الشحن
cabina (f)	kabīna (f)	كابينة
ir en el ascensor	rakib al miṣʿad	ركب المصعد
apartamento (m)	ʃaqqa (f)	شقّة
inquilinos (pl)	sukkān al ʿimāra (pl)	سكّان العمارة
vecino (m)	ჳār (m)	جار
vecina (f)	ჳāra (f)	جارة
vecinos (pl)	ჳirān (pl)	جيران

84. La casa. La puerta. La cerradura

puerta (f)	bāb (m)	باب
portón (m)	bawwāba (f)	بوّابة
tirador (m)	qabḍat al bāb (f)	قبضة الباب
abrir el cerrojo	fataḥ	فتح
abrir (vt)	fataḥ	فتح
cerrar (vt)	aχlaq	أغلق
llave (f)	miftāḥ (m)	مفتاح
manojo (m) de llaves	rabṭa (f)	ربطة
crujir (vi)	ṣarr	صرَ
crujido (m)	ṣarīr (m)	صرير
gozne (m)	mufaṣṣala (f)	مفصّلة
felpudo (m)	siჳāda (f)	سجادة
cerradura (f)	qifl al bāb (m)	قفل الباب
ojo (m) de cerradura	θaqb al bāb (m)	ثقب الباب
cerrojo (m)	tirbās (m)	ترباس
pestillo (m)	mizlāჳ (m)	مزلاج
candado (m)	qifl (m)	قفل
tocar el timbre	rann	رنَ
campanillazo (m)	ranīn (m)	رنين
timbre (m)	ჳaras (m)	جرس
botón (m)	zirr (m)	زرَ
toque (m) a la puerta	ṭarq, daqq (m)	طرق، دقَ
tocar la puerta	daqq	دقَ

código (m)	kūd (m)	كود
cerradura (f) de contraseña	kūd (m)	كود
telefonillo (m)	ʒaras al bāb (m)	جرس الباب
número (m)	raqm (m)	رقم
placa (f) de puerta	lawḥa (f)	لوحة
mirilla (f)	al ʿayn as siḥriyya (m)	العين السحريّة

85. La casa de campo

aldea (f)	qarya (f)	قرية
huerta (f)	bustān χuḍār (m)	بستان خضار
empalizada (f)	sūr (m)	سور
valla (f)	sūr (m)	سور
puertecilla (f)	bawwāba farʿiyya (f)	بوّابة فرعيّة

granero (m)	ʃawna (f)	شونة
sótano (m)	sirdāb (m)	سرداب
cobertizo (m)	saqīfa (f)	سقيفة
pozo (m)	biʾr (m)	بئر

estufa (f)	furn (m)	فرن
calentar la estufa	awqad	أوقد
leña (f)	ḥaṭab (m)	حطب
leño (m)	qiṭʿat ḥaṭab (f)	قطعة حطب

veranda (f)	virānda (f)	فيراندة
terraza (f)	ʃurfa (f)	شرفة
porche (m)	sullam (m)	سلّم
columpio (m)	urʒūḥa (f)	أرجوحة

86. El castillo. El palacio

castillo (m)	qalʿa (f)	قلعة
palacio (m)	qaṣr (m)	قصر
fortaleza (f)	qalʿa (f), ḥiṣn (m)	قلعة، حصن

muralla (f)	sūr (m)	سور
torre (f)	burʒ (m)	برج
torre (f) principal	burʒ raʾīsiy (m)	برج رئيسيّ

rastrillo (m)	bāb mutaḥarrik (m)	باب متحرّك
pasaje (m) subterráneo	sirdāb (m)	سرداب
foso (m) del castillo	χandaq māʾiy (m)	خندق مائيّ

cadena (f)	silsila (f)	سلسلة
aspillera (f)	mazɣal (m)	مزغل

magnífico (adj)	rāʾiʿ	رائع
majestuoso (adj)	muhīb	مهيب

inexpugnable (adj)	manīʿ	منيع
medieval (adj)	min al qurūn al wusṭa	من القرون الوسطى

87. El apartamento

apartamento (m)	ʃaqqa (f)	شقَّة
habitación (f)	ɣurfa (f)	غرفة
dormitorio (m)	ɣurfat an nawm (f)	غرفة النوم
comedor (m)	ɣurfat il akl (f)	غرفة الأكل
salón (m)	ṣālat al istiqbāl (f)	صالة الإستقبال
despacho (m)	maktab (m)	مكتب
antecámara (f)	madχal (m)	مدخل
cuarto (m) de baño	ḥammām (m)	حمَّام
servicio (m)	ḥammām (m)	حمَّام
techo (m)	saqf (m)	سقف
suelo (m)	arḍ (f)	أرض
rincón (m)	zāwiya (f)	زاوية

88. El apartamento. La limpieza

hacer la limpieza	nazzaf	نظَّف
quitar (retirar)	ʃāl	شال
polvo (m)	ɣubār (m)	غبار
polvoriento (adj)	muɣabbar	مغبَّر
limpiar el polvo	masaḥ al ɣubār	مسح الغبار
aspirador (m), aspiradora (f)	miknasa kahrabā'iyya (f)	مكنسة كهربائية
limpiar con la aspiradora	nazzaf bi miknasa kahrabā'iyya	نظَّف بمكنسة كهربائية
barrer (vi, vt)	kanas	كنس
barreduras (f pl)	qumāma (f)	قمامة
orden (m)	niẓām (m)	نظام
desorden (m)	ʿadam an niẓām (m)	عدم النظام
fregona (f)	mimsaḥa ṭawīla (f)	ممسحة طويلة
trapo (m)	mimsaḥa (f)	ممسحة
escoba (f)	miqaʃʃa (f)	مقشَّة
cogedor (m)	ʒārūf (m)	جاروف

89. Los muebles. El interior

muebles (m pl)	aθāθ (m)	أثاث
mesa (f)	maktab (m)	مكتب
silla (f)	kursiy (m)	كرسيّ
cama (f)	sarīr (m)	سرير
sofá (m)	kanaba (f)	كنبة
sillón (m)	kursiy (m)	كرسيّ
librería (f)	χizānat kutub (f)	خزانة كتب
estante (m)	raff (m)	رفّ
armario (m)	dūlāb (m)	دولاب
percha (f)	ʃammāʿa (f)	شمَّاعة

perchero (m) de pie	ʃammā'a (f)	شمّاعة
cómoda (f)	dulāb adrāʒ (m)	دولاب أدراج
mesa (f) de café	ṭāwilat al qahwa (f)	طاولة القهوة

espejo (m)	mir'āt (f)	مرآة
tapiz (m)	siʒāda (f)	سجادة
alfombra (f)	siʒāda (f)	سجادة

chimenea (f)	midfa'a ḥā'iṭiyya (f)	مدفأة حائطيّة
vela (f)	ʃam'a (f)	شمعة
candelero (m)	ʃam'adān (m)	شمعدان

cortinas (f pl)	satā'ir (pl)	ستائر
empapelado (m)	waraq ḥīṭān (m)	ورق حيطان
estor (m) de láminas	haṣīrat ʃubbāk (f)	حصيرة شبّاك

lámpara (f) de mesa	miṣbāḥ aṭ ṭāwila (m)	مصباح الطاولة
aplique (m)	miṣbāḥ al ḥā'iṭ (f)	مصباح الحائط
lámpara (f) de pie	miṣbāḥ arḍiy (m)	مصباح أرضيّ
lámpara (f) de araña	naʒafa (f)	نجفة

pata (f) (~ de la mesa)	riʒl (f)	رجل
brazo (m)	masnad (m)	مسند
espaldar (m)	masnad (m)	مسند
cajón (m)	durʒ (m)	درج

90. Los accesorios de cama

ropa (f) de cama	bayāḍāt as sarīr (pl)	بياضات السرير
almohada (f)	wisāda (f)	وسادة
funda (f)	kīs al wisāda (m)	كيس الوسادة
manta (f)	baṭṭāniyya (f)	بطّانيّة
sábana (f)	milāya (f)	ملاية
sobrecama (f)	ɣiṭā' as sarīr (m)	غطاء السرير

91. La cocina

cocina (f)	maṭbaχ (m)	مطبخ
gas (m)	ɣāz (m)	غاز
cocina (f) de gas	butuɣāz (m)	بوتوغاز
cocina (f) eléctrica	furn kaharabā'iy (m)	فرن كهربائيّ
horno (m)	furn (m)	فرن
horno (m) microondas	furn al mikruwayv (m)	فرن الميكروويف

frigorífico (m)	θallāʒa (f)	ثلاجة
congelador (m)	frīzir (m)	فريزير
lavavajillas (m)	ɣassāla (f)	غسّالة

picadora (f) de carne	farrāmat laḥm (f)	فرّامة لحم
exprimidor (m)	'aṣṣāra (f)	عصّارة
tostador (m)	maḥmaṣat χubz (f)	محمصة خبز
batidora (f)	χallāṭ (m)	خلّاط

cafetera (f) (aparato de cocina)	mākinat ṣanʿ al qahwa (f)	ماكينة صنع القهوة
cafetera (f) (para servir)	kanaka (f)	كنكة
molinillo (m) de café	maṯḥanat qahwa (f)	مطحنة قهوة
hervidor (m) de agua	barrād (m)	برّاد
tetera (f)	barrād aʃ ʃāy (m)	برّاد الشاي
tapa (f)	ɣiṭāʾ (m)	غطاء
colador (m) de té	miṣfāt (f)	مصفاة
cuchara (f)	milʿaqa (f)	ملعقة
cucharilla (f)	milʿaqat ʃāy (f)	ملعقة شاي
cuchara (f) de sopa	milʿaqa kabīra (f)	ملعقة كبيرة
tenedor (m)	ʃawka (f)	شوكة
cuchillo (m)	sikkīn (m)	سكّين
vajilla (f)	ṣuḥūn (pl)	صحون
plato (m)	ṭabaq (m)	طبق
platillo (m)	ṭabaq finʒān (m)	طبق فنجان
vaso (m) de chupito	kaʾs (f)	كأس
vaso (m) (~ de agua)	kubbāya (f)	كبّاية
taza (f)	finʒān (m)	فنجان
azucarera (f)	sukkariyya (f)	سكّريّة
salero (m)	mamlaḥa (f)	مملحة
pimentero (m)	mabhara (f)	مبهرة
mantequera (f)	ṣuḥn zubda (m)	صحن زبدة
cacerola (f)	kassirūlla (f)	كاسرولة
sartén (f)	ṭāsa (f)	طاسة
cucharón (m)	miɣrafa (f)	مغرفة
colador (m)	miṣfāt (f)	مصفاة
bandeja (f)	ṣīniyya (f)	صينيّة
botella (f)	zuʒāʒa (f)	زجاجة
tarro (m) de vidrio	barṭamān (m)	برطمان
lata (f)	tanaka (f)	تنكة
abrebotellas (m)	fattāḥa (f)	فتّاحة
abrelatas (m)	fattāḥa (f)	فتّاحة
sacacorchos (m)	barrīma (f)	برّيمة
filtro (m)	filtir (m)	فلتر
filtrar (vt)	ṣaffa	صفّى
basura (f)	zubāla (f)	زبالة
cubo (m) de basura	ṣundūq az zubāla (m)	صندوق الزبالة

92. El baño

cuarto (m) de baño	ḥammām (m)	حمّام
agua (f)	māʾ (m)	ماء
grifo (m)	ḥanafiyya (f)	حنفيّة
agua (f) caliente	māʾ sāɣin (m)	ماء ساخن

agua (f) fría	mā' bārid (m)	ماء بارد
pasta (f) de dientes	ma'ʒūn asnān (m)	معجون أسنان
limpiarse los dientes	naẓẓaf al asnān	نظّف الأسنان
cepillo (m) de dientes	furʃat asnān (f)	فرشة أسنان

afeitarse (vr)	ḥalaq	حلق
espuma (f) de afeitar	raɣwa lil ḥilāqa (f)	رغوة للحلاقة
maquinilla (f) de afeitar	mūs ḥilāqa (m)	موس حلاقة

lavar (vt)	ɣasal	غسل
darse un baño	istaḥamm	إستحمّ
ducha (f)	dūʃ (m)	دوش
darse una ducha	aχað ad duʃ	أخذ الدش

bañera (f)	ḥawḍ istiḥmām (m)	حوض استحمام
inodoro (m)	mirḥāḍ (m)	مرحاض
lavabo (m)	ḥawḍ (m)	حوض

jabón (m)	ṣābūn (m)	صابون
jabonera (f)	ṣabbāna (f)	صبّانة

esponja (f)	līfa (f)	ليفة
champú (m)	ʃāmbū (m)	شامبو
toalla (f)	fūṭa (f)	فوطة
bata (f) de baño	θawb ḥammām (m)	ثوب حمّام

colada (f), lavado (m)	ɣasīl (m)	غسيل
lavadora (f)	ɣassāla (f)	غسّالة
lavar la ropa	ɣasal al malābis	غسل الملابس
detergente (m) en polvo	mashūq ɣasīl (m)	مسحوق غسيل

93. Los aparatos domésticos

televisor (m)	tilivizyūn (m)	تليفزيون
magnetófono (m)	ʒihāz tasʒīl (m)	جهاز تسجيل
vídeo (m)	ʒihāz tasʒīl vidiyu (m)	جهاز تسجيل فيديو
radio (m)	ʒihāz radiyu (m)	جهاز راديو
reproductor (m) (~ MP3)	blayir (m)	بلير

proyector (m) de vídeo	'āriḍ vidiyu (m)	عارض فيديو
sistema (m) home cinema	sinima manziliyya (f)	سينما منزليّة
reproductor (m) de DVD	di vi di (m)	دي في دي
amplificador (m)	mukabbir aṣ ṣawt (m)	مكبّر الصوت
videoconsola (f)	'atāri (m)	أتاري

cámara (f) de vídeo	kamira vidiyu (f)	كاميرا فيديو
cámara (f) fotográfica	kamira (f)	كاميرا
cámara (f) digital	kamira diʒital (f)	كاميرا ديجيتال

aspirador (m), aspiradora (f)	miknasa kahrabā'iyya (f)	مكنسة كهربائيّة
plancha (f)	makwāt (f)	مكواة
tabla (f) de planchar	lawḥat kayy (f)	لوحة كيّ
teléfono (m)	hātif (m)	هاتف
teléfono (m) móvil	hātif maḥmūl (m)	هاتف محمول

| máquina (f) de escribir | 'āla katiba (f) | آلة كاتبة |
| máquina (f) de coser | 'ālat al ҳiyāṭa (f) | آلة الخياطة |

micrófono (m)	mikrufūn (m)	ميكروفون
auriculares (m pl)	sammā'āt ra'siya (pl)	سمّاعات رأسيّة
mando (m) a distancia	rimuwt kuntrūl (m)	ريموت كنترول

CD (m)	si di (m)	سي دي
casete (m)	ʃarīṭ (m)	شريط
disco (m) de vinilo	usṭuwāna (f)	أسطوانة

94. Los arreglos. La renovación

renovación (f)	taҙdīdāt (m)	تجديدات
renovar (vt)	ҙaddad	جدّد
reparar (vt)	aṣlaḥ	أصلح
poner en orden	naẓẓam	نظّم
rehacer (vt)	a'ād	أعاد

pintura (f)	dihān (m)	دهان
pintar (las paredes)	dahan	دهن
pintor (m)	dahhān (m)	دهّان
brocha (f)	furʃat lit talwīn (f)	فرشة للتلوين

| cal (f) | maḥlūl mubayyiḍ (m) | محلول مبيّض |
| encalar (vt) | bayyaḍ | بيّض |

empapelado (m)	waraq ḥīṭān (m)	ورق حيطان
empapelar (vt)	laṣaq waraq al ḥīṭān	لصق ورق الحيطان
barniz (m)	warnīʃ (m)	ورنيش
cubrir con barniz	ṭala bil warnīʃ	طلى بالورنيش

95. La plomería

agua (f)	mā' (m)	ماء
agua (f) caliente	mā' sāҳin (m)	ماء ساخن
agua (f) fría	mā' bārid (m)	ماء بارد
grifo (m)	ḥanafiyya (f)	حنفيّة

gota (f)	qaṭara (f)	قطرة
gotear (el grifo)	qaṭar	قطر
gotear (cañería)	sarab	سرب
escape (m) de agua	tasarrub (m)	تسرّب
charco (m)	birka (f)	بركة

tubo (m)	māsūra (f)	ماسورة
válvula (f)	ṣimām (m)	صمام
estar atascado	kān masdūdan	كان مسدودًا

instrumentos (m pl)	adawāt (pl)	أدوات
llave (f) inglesa	miftāḥ inҙlīziy (m)	مفتاح إنجليزيّ
destornillar (vt)	fataḥ	فتح

atornillar (vt)	aḥkam aʃ ʃadd	أحكم الشدّ
desatascar (vt)	sallak	سلّك
fontanero (m)	sabbāk (m)	سبّاك
sótano (m)	sirdāb (m)	سرداب
alcantarillado (m)	ʃabakit il maʒāry (f)	شبكة مياه المجاري

96. El fuego. El incendio

incendio (m)	ḥarīq (m)	حريق
llama (f)	ʃu'la (f)	شعلة
chispa (f)	ʃarāra (f)	شرارة
humo (m)	duxān (m)	دخان
antorcha (f)	ʃu'la (f)	شعلة
hoguera (f)	nār muxayyam (m)	نار مخيّم

gasolina (f)	banzīn (m)	بنزين
queroseno (m)	kirusīn (m)	كيروسين
inflamable (adj)	qābil lil iḥtirāq	قابل للإحتراق
explosivo (adj)	mutafaʒʒir	متفجّر
PROHIBIDO FUMAR	mamnū' at tadxīn	ممنوع التدخين

seguridad (f)	amn (m)	أمن
peligro (m)	xaṭar (m)	خطر
peligroso (adj)	xaṭīr	خطير

prenderse fuego	iʃta'al	إشتعل
explosión (f)	infiʒār (m)	إنفجار
incendiar (vt)	aʃ'al an nār	أشعل النار
incendiario (m)	muʃ'il ḥarīq (m)	مشعل حريق
incendio (m) provocado	iḥrāq (m)	إحراق

estar en llamas	talahhab	تلهّب
arder (vi)	iḥtaraq	إحترق
incendiarse (vr)	iḥtaraq	إحترق

llamar a los bomberos	istad'a qism al ḥarīq	إستدعى قسم الحريق
bombero (m)	raʒul iṭfā' (m)	رجل إطفاء
coche (m) de bomberos	sayyārat iṭfā' (f)	سيّارة إطفاء
cuerpo (m) de bomberos	qism iṭfā' (m)	قسم إطفاء
escalera (f) telescópica	sullam iṭfā' (m)	سلّم إطفاء

manguera (f)	xarṭūm al mā' (m)	خرطوم الماء
extintor (m)	miṭfa'at ḥarīq (f)	مطفأة حريق
casco (m)	xūða (f)	خوذة
sirena (f)	ṣaffārat inðār (f)	صفّارة إنذار

gritar (vi)	ṣarax	صرخ
pedir socorro	istayāθ	إستغاث
socorrista (m)	munqið (m)	منقذ
salvar (vt)	anqað	أنقذ

llegar (vi)	waṣal	وصل
apagar (~ el incendio)	aṭfa'	أطفأ
agua (f)	mā' (m)	ماء

arena (f)	raml (m)	رمل
ruinas (f pl)	ḥiṭām (pl)	حطام
colapsarse (vr)	inhār	إنهار
hundirse (vr)	inhār	إنهار
derrumbarse (vr)	inhār	إنهار
trozo (m) (~ del muro)	ḥiṭma (f)	حطمة
ceniza (f)	ramād (m)	رماد
morir asfixiado	iχtanaq	إختنق
perecer (vi)	halak	هلك

LAS ACTIVIDADES DE LA GENTE

El trabajo. Los negocios. Unidad 1

97. La banca

Español	Transcripción	Árabe
banco (m)	bank (m)	بنك
sucursal (f)	farʿ (m)	فرع
consultor (m)	muwazzaf bank (m)	موظّف بنك
gerente (m)	mudīr (m)	مدير
cuenta (f)	ḥisāb (m)	حساب
numero (m) de la cuenta	raqm al ḥisāb (m)	رقم الحساب
cuenta (f) corriente	ḥisāb ʒāri (m)	حساب جار
cuenta (f) de ahorros	ḥisāb tawfīr (m)	حساب توفير
abrir una cuenta	fataḥ ḥisāb	فتح حسابا
cerrar la cuenta	aɣlaq ḥisāb	أغلق حسابا
ingresar en la cuenta	awdaʿ fil ḥisāb	أودع في الحساب
sacar de la cuenta	saḥab min al ḥisāb	سحب من الحساب
depósito (m)	wadīʿa (f)	وديعة
hacer un depósito	awdaʿ	أودع
giro (m) bancario	ḥawāla (f)	حوالة
hacer un giro	ḥawwal	حوّل
suma (f)	mablaɣ (m)	مبلغ
¿Cuánto?	kam?	كم؟
firma (f) (nombre)	tawqīʿ (m)	توقيع
firmar (vt)	waqqaʿ	وقّع
tarjeta (f) de crédito	biṭāqat iʾtimān (f)	بطاقة ائتمان
código (m)	kūd (m)	كود
número (m) de tarjeta de crédito	raqm biṭāqat iʾtimān (m)	رقم بطاقة إئتمان
cajero (m) automático	ṣarrāf ʾāliy (m)	صرّاف آليّ
cheque (m)	ʃīk (m)	شيك
sacar un cheque	katab ʃīk	كتب شيكًا
talonario (m)	daftar ʃīkāt (m)	دفتر شيكات
crédito (m)	qarḍ (m)	قرض
pedir el crédito	qaddam ṭalab lil ḥuṣūl ʿala qarḍ	قدّم طلبا للحصول على قرض
obtener un crédito	ḥaṣal ʿala qarḍ	حصل على قرض
conceder un crédito	qaddam qarḍ	قدّمَ قرضا
garantía (f)	ḍamān (m)	ضمان

98. El teléfono. Las conversaciones telefónicas

teléfono (m)	hātif (m)	هاتف
teléfono (m) móvil	hātif maḥmūl (m)	هاتف محمول
contestador (m)	muӡīb al hātif (m)	مجيب الهاتف
llamar, telefonear	ittaṣal	إتّصل
llamada (f)	mukālama tilifuniyya (f)	مكالمة تليفونية
marcar un número	ittaṣal bi raqm	إتّصل برقم
¿Sí?, ¿Dígame?	alu!	ألو!
preguntar (vt)	sa'al	سأل
responder (vi, vt)	radd	رد
oír (vt)	sami'	سمع
bien (adv)	ӡayyidan	جيّداً
mal (adv)	sayyi'an	سيّئاً
ruidos (m pl)	taʃwīʃ (m)	تشويش
auricular (m)	sammā'a (f)	سمّاعة
descolgar (el teléfono)	rafa' as sammā'a	رفع السمّاعة
colgar el auricular	qafal as sammā'a	قفل السمّاعة
ocupado (adj)	maʃɣūl	مشغول
sonar (teléfono)	rann	رن
guía (f) de teléfonos	dalīl at tilifūn (m)	دليل التليفون
local (adj)	maḥalliyya	محلّيّة
llamada (f) local	mukālama hātifiyya maḥalliyya (f)	مكالمة هاتفية محلّيّة
de larga distancia	ba'īd al mada	بعيد المدى
llamada (f) de larga distancia	mukālama ba'īdat al mada (f)	مكالمة بعيدة المدى
internacional (adj)	duwaliy	دولي
llamada (f) internacional	mukālama duwaliyya (f)	مكالمة دوليّة

99. El teléfono celular

teléfono (m) móvil	hātif maḥmūl (m)	هاتف محمول
pantalla (f)	ӡihāz 'arḍ (m)	جهاز عرض
botón (m)	zirr (m)	زر
tarjeta SIM (f)	sim kart (m)	سيم كارت
pila (f)	battāriyya (f)	بطّاريّة
descargarse (vr)	xalaṣat	خلصت
cargador (m)	ʃāḥin (m)	شاحن
menú (m)	qā'ima (f)	قائمة
preferencias (f pl)	awḍā' (pl)	أوضاع
melodía (f)	naɣma (f)	نغمة
seleccionar (vt)	ixtār	إختار
calculadora (f)	'āla ḥāsiba (f)	آلة حاسبة
contestador (m)	barīd ṣawtiy (m)	بريد صوتيّ

| despertador (m) | munabbih (m) | منبّه |
| contactos (m pl) | ȝihāt al ittiṣāl (pl) | جهات الإتّصال |

| mensaje (m) de texto | risāla qaṣīra ɛsɛmɛs (f) | sms رسالة قصيرة |
| abonado (m) | muʃtarik (m) | مشترك |

100. Los artículos de escritorio. La papelería

| bolígrafo (m) | qalam ȝāf (m) | قلم جاف |
| pluma (f) estilográfica | qalam rīʃa (m) | قلم ريشة |

lápiz (m)	qalam ruṣāṣ (m)	قلم رصاص
marcador (m)	markir (m)	ماركر
rotulador (m)	qalam xaṭṭāṭ (m)	قلم خطاط

| bloc (m) de notas | muðakkira (f) | مذكّرة |
| agenda (f) | ȝadwal al a'māl (m) | جدول الأعمال |

regla (f)	masṭara (f)	مسطرة
calculadora (f)	'āla ḥāsiba (f)	آلة حاسبة
goma (f) de borrar	astīka (f)	استيكة
chincheta (f)	dabbūs (m)	دبّوس
clip (m)	dabbūs waraq (m)	دبّوس ورق

cola (f), pegamento (m)	ṣamɣ (m)	صمغ
grapadora (f)	dabbāsa (f)	دبّاسة
perforador (m)	xarrāma (m)	خرّامة
sacapuntas (m)	mibrāt (f)	مبراة

El trabajo. Los negocios. Unidad 2

101. Medios de comunicación de masas

periódico (m)	ʒarīda (f)	جريدة
revista (f)	maʒalla (f)	مجلّة
prensa (f)	ṣiḥāfa (f)	صحافة
radio (f)	iðāʿa (f)	إذاعة
estación (f) de radio	maḥaṭṭat iðāʿa (f)	محطّة إذاعة
televisión (f)	tilivizyūn (m)	تليفزيون
presentador (m)	muʾaddim (m)	مقدّم
presentador (m) de noticias	muðīʿ (m)	مذيع
comentarista (m)	muʿalliq (m)	معلّق
periodista (m)	ṣuḥufiy (m)	صحفيّ
corresponsal (m)	murāsil (m)	مراسل
corresponsal (m) fotográfico	muṣawwir ṣuḥufiy (m)	مصوّر صحفيّ
reportero (m)	ṣuḥufiy (m)	صحفيّ
redactor (m)	muḥarrir (m)	محرّر
redactor jefe (m)	raʾīs taḥrīr (m)	رئيس تحرير
suscribirse (vr)	iʃtarak	إشترك
suscripción (f)	iʃtirāk (m)	إشتراك
suscriptor (m)	muʃtarik (m)	مشترك
leer (vi, vt)	qaraʾ	قرأ
lector (m)	qāriʾ (m)	قارئ
tirada (f)	tadāwul (m)	تداول
mensual (adj)	ʃahriy	شهريّ
semanal (adj)	usbūʿiy	أسبوعيّ
número (m)	ʿadad (m)	عدد
nuevo (~ número)	ʒadīd	جديد
titular (m)	ʿunwān (m)	عنوان
noticia (f)	maqāla qaṣīra (f)	مقالة قصيرة
columna (f)	ʿamūd (m)	عمود
artículo (m)	maqāla (f)	مقالة
página (f)	ṣafḥa (f)	صفحة
reportaje (m)	taqrīr (m)	تقرير
evento (m)	ḥadaθ (m)	حدث
sensación (f)	ḍaʒʒa (f)	ضجّة
escándalo (m)	faḍīḥa (f)	فضيحة
escandaloso (adj)	fāḍiḥ	فاضح
gran (~ escándalo)	ʃahīr	شهير
emisión (f)	barnāmaʒ (m)	برنامج
entrevista (f)	muqābala (f)	مقابلة

| transmisión (f) en vivo | iðā'a mubāʃira (f) | إذاعة مباشرة |
| canal (m) | qanāt (f) | قناة |

102. La agricultura

agricultura (f)	zirā'a (f)	زراعة
campesino (m)	fallāḥ (m)	فلّاح
campesina (f)	fallāḥa (f)	فلّاحة
granjero (m)	muzāri' (m)	مزارع

| tractor (m) | ʒarrār (m) | جرّار |
| cosechadora (f) | ḥaṣṣāda (f) | حصّادة |

arado (m)	miḥrāθ (m)	محراث
arar (vi, vt)	ḥaraθ	حرث
labrado (m)	ḥaql maḥrūθ (m)	حقل محروث
surco (m)	talam (m)	تلم

sembrar (vi, vt)	baðar	بذر
sembradora (f)	baððāra (f)	بذّارة
siembra (f)	zar' (m)	زرع

| guadaña (f) | miḥaʃ (m) | محشّ |
| segar (vi, vt) | ḥaʃ | حشّ |

| pala (f) | karīk (m) | مجرفة |
| layar (vt) | ḥafar | حفر |

azada (f)	mi'zaqa (f)	معزقة
sachar, escardar	ista'ṣal nabātāt	إستأصل نباتات
mala hierba (f)	ḥaʃʃa (m)	حشيشة

regadera (f)	miraʃʃa al miyāh (f)	مرشّة المياه
regar (plantas)	saqa	سقى
riego (m)	saqy (m)	سقي

| horquilla (f) | maðrāt (f) | مذراة |
| rastrillo (m) | midamma (f) | مدمّة |

fertilizante (m)	samād (m)	سماد
abonar (vt)	sammad	سمّد
estiércol (m)	zibd (m)	زبل

campo (m)	ḥaql (m)	حقل
prado (m)	marʒ (m)	مرج
huerta (f)	bustān xuḍār (m)	بستان خضار
jardín (m)	bustān (m)	بستان

pacer (vt)	ra'a	رعى
pastor (m)	rā'i (m)	راع
pastadero (m)	mar'a (m)	مرعى

| ganadería (f) | tarbiyat al mawāʃi (f) | تربية المواشي |
| cría (f) de ovejas | tarbiyat aɣnām (f) | تربية أغنام |

plantación (f)	mazra'a (f)	مزرعة
hilera (f) (~ de cebollas)	ḥawḍ (m)	حوض
invernadero (m)	daffa (f)	دفيئة
sequía (f)	ӡafāf (m)	جفاف
seco, árido (adj)	ӡāff	جافّ
grano (m)	ḥubūb (pl)	حبوب
cereales (m pl)	maḥāṣīl al ḥubūb (pl)	محاصيل الحبوب
recolectar (vt)	ḥaṣad	حصد
molinero (m)	ṭaḥḥān (m)	طحّان
molino (m)	ṭāḥūna (f)	طاحونة
moler (vt)	ṭaḥan al ḥubūb	طحن الحبوب
harina (f)	daqīq (m)	دقيق
paja (f)	qaʃʃ (m)	قشّ

103. La construcción. El proceso de construcción

obra (f)	arḍ binā' (f)	أرض بناء
construir (vt)	bana	بنى
albañil (m)	'āmil binā' (m)	عامل بناء
proyecto (m)	maʃrū' (m)	مشروع
arquitecto (m)	muhandis mi'māriy (m)	مهندس معماريّ
obrero (m)	'āmil (m)	عامل
cimientos (m pl)	asās (m)	أساس
techo (m)	saqf (m)	سقف
pila (f) de cimentación	watad al asās (f)	وتد الأساس
muro (m)	ḥā'iṭ (m)	حائط
armadura (f)	ḥadīd taslīḥ (m)	حديد تسليح
andamio (m)	saqāla (f)	سقالة
hormigón (m)	xarasāna (f)	خرسانة
granito (m)	granīt (m)	جرانيت
piedra (f)	ḥaӡar (m)	حجر
ladrillo (m)	ṭūb (m)	طوب
arena (f)	raml (m)	رمل
cemento (m)	ismant (m)	إسمنت
estuco (m)	qiṣāra (m)	قصارة
estucar (vt)	ṭala bil ӡiṣṣ	طلى بالجصّ
pintura (f)	dihān (m)	دهان
pintar (las paredes)	dahhan	دهّن
barril (m)	barmīl (m)	برميل
grúa (f)	rāfi'a (f)	رافعة
levantar (vt)	rafa'	رفع
bajar (vt)	anzal	أنزل
bulldózer (m)	ӡarrāfa (f)	جرّافة
excavadora (f)	ḥaffāra (f)	حفّارة

cuchara (f)	dalw (m)	دلو
cavar (vt)	ḥafar	حفر
casco (m)	χūða (f)	خوذة

Las profesiones y los oficios

104. La búsqueda de trabajo. El despido

trabajo (m)	ʿamal (m)	عمل
empleados (pl)	kawādir (pl)	كوادر
personal (m)	ṭāqim al ʿāmilīn (m)	طاقم العاملين
carrera (f)	masār mihniy (m)	مسار مهنيّ
perspectiva (f)	ʾāfāq (pl)	آفاق
maestría (f)	mahārāt (pl)	مهارات
selección (f)	iχtiyār (m)	إختيار
agencia (f) de empleo	wikālat tawẓīf (f)	وكالة توظيف
curriculum vitae (m)	sīra ðātiyya (f)	سيرة ذاتيّة
entrevista (f)	muʾābalat ʿamal (f)	مقابلة عمل
vacancia (f)	waẓīfa χāliya (f)	وظيفة خالية
salario (m)	murattab (m)	مرتّب
salario (m) fijo	rātib θābit (m)	راتب ثابت
remuneración (f)	uӡra (f)	أجرة
puesto (m) (trabajo)	manṣib (m)	منصب
deber (m)	wāӡib (m)	واجب
gama (f) de deberes	maӡmūʿa min al wāӡibāt (f)	مجموعة من الواجبات
ocupado (adj)	maʃγūl	مشغول
despedir (vt)	aqāl	أقال
despido (m)	iqāla (m)	إقالة
desempleo (m)	biṭāla (f)	بطالة
desempleado (m)	ʿāṭil (m)	عاطل
jubilación (f)	maʿāʃ (m)	معاش
jubilarse	uḥīl ʿalal maʿāʃ	أحيل على المعاش

105. Los negociantes

director (m)	mudīr (m)	مدير
gerente (m)	mudīr (m)	مدير
jefe (m)	mudīr (m), raʾīs (m)	مدير, رئيس
superior (m)	raʾīs (m)	رئيس
superiores (m pl)	ruʾasā' (pl)	رؤساء
presidente (m)	raʾīs (m)	رئيس
presidente (m) (de compañía)	raʾīs (m)	رئيس
adjunto (m)	nāʾib (m)	نائب
asistente (m)	musāʿid (m)	مساعد

| secretario, -a (m, f) | sikirtīr (m) | سكرتير |
| secretario (m) particular | sikritīr χāṣṣ (m) | سكرتير خاص |

hombre (m) de negocios	raӡul a'māl (m)	رجل أعمال
emprendedor (m)	rā'id a'māl (m)	رائد أعمال
fundador (m)	mu'assis (m)	مؤسس
fundar (vt)	assas	أسس

institutor (m)	mu'assis (m)	مؤسس
socio (m)	ʃarīk (m)	شريك
accionista (m)	musāhim (m)	مساهم

millonario (m)	milyunīr (m)	مليونير
multimillonario (m)	milyardīr (m)	ملياردير
propietario (m)	ṣāḥib (m)	صاحب
terrateniente (m)	ṣāḥib al arḍ (m)	صاحب الأرض

cliente (m)	'amīl (m)	عميل
cliente (m) habitual	'amīl dā'im (m)	عميل دائم
comprador (m)	muʃtari (m)	مشتر
visitante (m)	zā'ir (m)	زائر

profesional (m)	muḥtarif (m)	محترف
experto (m)	χabīr (m)	خبير
especialista (m)	mutaχaṣṣiṣ (m)	متخصص

| banquero (m) | ṣāḥib maṣraf (m) | صاحب مصرف |
| broker (m) | simsār (m) | سمسار |

cajero (m)	ṣarrāf (m)	صراف
contable (m)	muḥāsib (m)	محاسب
guardia (m) de seguridad	ḥāris amn (m)	حارس أمن

inversionista (m)	mustaθmir (m)	مستثمر
deudor (m)	mudīn (m)	مدين
acreedor (m)	dā'in (m)	دائن
prestatario (m)	muqtariḍ (m)	مقترض

| importador (m) | mustawrid (m) | مستورد |
| exportador (m) | muṣaddir (m) | مصدر |

productor (m)	aʃ ʃarika al muṣni'a (f)	الشركة المصنعة
distribuidor (m)	muwazzi' (m)	موزع
intermediario (m)	wasīṭ (m)	وسيط

asesor (m) (~ fiscal)	mustaʃār (m)	مستشار
representante (m)	mandūb mabi'āt (m)	مندوب مبيعات
agente (m)	wakīl (m)	وكيل
agente (m) de seguros	wakīl at ta'mīn (m)	وكيل التأمين

106. Los trabajos de servicio

| cocinero (m) | ṭabbāχ (m) | طباخ |
| jefe (m) de cocina | ʃāf (m) | شاف |

panadero (m)	χabbāz (m)	خبّاز
barman (m)	bārman (m)	بارمان
camarero (m)	nādil (m)	نادل
camarera (f)	nādila (f)	نادلة

abogado (m)	muḥāmi (m)	محام
jurista (m)	muḥāmi (m)	محام
notario (m)	muwaθθaq (m)	موئّق

electricista (m)	kahrabā'iy (m)	كهربائيّ
fontanero (m)	sabbāk (m)	سبّاك
carpintero (m)	naʒʒār (m)	نجّار

masajista (m)	mudallik (m)	مدلّك
masajista (f)	mudallika (f)	مدلّكة
médico (m)	ṭabīb (m)	طبيب

taxista (m)	sā'iq taksi (m)	سائق تاكسي
chofer (m)	sā'iq (m)	سائق
repartidor (m)	sā'i (m)	ساع

camarera (f)	'āmilat tanẓīf χuraf (f)	عاملة تنظيف غرف
guardia (m) de seguridad	ḥāris amn (m)	حارس أمن
azafata (f)	muḍīfat ṭayarān (f)	مضيفة طيران

profesor (m) (~ de baile, etc.)	mudarris madrasa (m)	مدرّس مدرسة
bibliotecario (m)	amīn maktaba (m)	أمين مكتبة
traductor (m)	mutarʒim (m)	مترجم
intérprete (m)	mutarʒim fawriy (m)	مترجم فوريّ
guía (m)	murʃid (m)	مرشد

peluquero (m)	ḥallāq (m)	حلّاق
cartero (m)	sā'i al barīd (m)	ساعي البريد
vendedor (m)	bā'i' (m)	بائع

jardinero (m)	bustāniy (m)	بستانيّ
servidor (m)	χādim (m)	خادم
criada (f)	χādima (f)	خادمة
mujer (f) de la limpieza	'āmilat tanẓīf (f)	عاملة تنظيف

107. La profesión militar y los rangos

soldado (m) raso	ʒundiy (m)	جنديّ
sargento (m)	raqīb (m)	رقيب
teniente (m)	mulāzim (m)	ملازم
capitán (m)	naqīb (m)	نقيب

mayor (m)	rā'id (m)	رائد
coronel (m)	'aqīd (m)	عقيد
general (m)	ʒinirāl (m)	جنرال
mariscal (m)	mārʃāl (m)	مارشال
almirante (m)	amirāl (m)	أميرال
militar (m)	'askariy (m)	عسكريّ
soldado (m)	ʒundiy (m)	جنديّ

| oficial (m) | ḍābiṭ (m) | ضابط |
| comandante (m) | qā'id (m) | قائد |

guardafronteras (m)	ḥāris ḥudūd (m)	حارس حدود
radio-operador (m)	'āmil lāsilkiy (m)	عامل لاسلكيّ
explorador (m)	mustakʃif (m)	مستكشف
zapador (m)	muhandis 'askariy (m)	مهندس عسكريّ
tirador (m)	rāmi (m)	رام
navegador (m)	mallāḥ (m)	ملّاح

108. Los oficiales. Los sacerdotes

| rey (m) | malik (m) | ملك |
| reina (f) | malika (f) | ملكة |

| príncipe (m) | amīr (m) | أمير |
| princesa (f) | amīra (f) | أميرة |

| zar (m) | qayṣar (m) | قيصر |
| zarina (f) | qayṣara (f) | قيصرة |

presidente (m)	raˀīs (m)	رئيس
ministro (m)	wazīr (m)	وزير
primer ministro (m)	raˀīs wuzarāˀ (m)	رئيس وزراء
senador (m)	'uḍw maʒlis aʃ ʃuyūχ (m)	عضو مجلس الشيوخ

diplomático (m)	diblumāsiy (m)	دبلوماسيّ
cónsul (m)	qunṣul (m)	قنصل
embajador (m)	safīr (m)	سفير
consejero (m)	mustaʃār (m)	مستشار

funcionario (m)	muwazzaf (m)	موظّف
prefecto (m)	raˀīs idārat al ḥayy (m)	رئيس إدارة الحيّ
alcalde (m)	raˀīs al baladiyya (m)	رئيس البلديّة

| juez (m) | qāḍi (m) | قاض |
| fiscal (m) | mudda'i (m) | مدعٍ |

misionero (m)	mubaʃʃir (m)	مبشّر
monje (m)	rāhib (m)	راهب
abad (m)	raˀīs ad dayr (m)	رئيس الدير
rabino (m)	ḥāχām (m)	حاخام

visir (m)	wazīr (m)	وزير
sha (m)	ʃāh (m)	شاه
jeque (m)	ʃɛyχ (m)	شيخ

109. Las profesiones agrícolas

apicultor (m)	naḥḥāl (m)	نحّال
pastor (m)	rā'i (m)	راع
agrónomo (m)	muhandis zirā'iy (m)	مهندس زراعيّ

| ganadero (m) | murabbi al mawāʃi (m) | مربّي المواشي |
| veterinario (m) | ṭabīb bayṭariy (m) | طبيب بيطري |

granjero (m)	muzāriʿ (m)	مزارع
vinicultor (m)	ṣāniʿ an nabīð (m)	صانع النبيذ
zoólogo (m)	χabīr fi ʿilm al ḥayawān (m)	خبير في علم الحيوان
vaquero (m)	rāʿi al baqar (m)	راعي البقر

110. Las profesiones artísticas

| actor (m) | mumaθθil (m) | ممثّل |
| actriz (f) | mumaθθila (f) | ممثّلة |

| cantante (m) | muɣanni (m) | مغنّ |
| cantante (f) | muɣanniya (f) | مغنّية |

| bailarín (m) | rāqiṣ (m) | راقص |
| bailarina (f) | rāqiṣa (f) | راقصة |

| artista (m) | fannān (m) | فنّان |
| artista (f) | fannāna (f) | فنّانة |

músico (m)	ʿāzif (m)	عازف
pianista (m)	ʿāzif biyānu (m)	عازف بيانو
guitarrista (m)	ʿāzif gitār (m)	عازف جيتار

director (m) de orquesta	qāʾid urkistra (m)	قائد أركسترا
compositor (m)	mulaḥḥin (m)	ملحّن
empresario (m)	mudīr firqa (m)	مدير فرقة

director (m) de cine	muχriʒ (m)	مخرج
productor (m)	muntiʒ (m)	منتج
guionista (m)	kātib sināriyu (m)	كاتب سيناريو
crítico (m)	nāqid (m)	ناقد

escritor (m)	kātib (m)	كاتب
poeta (m)	ʃāʿir (m)	شاعر
escultor (m)	naḥḥāt (m)	نحّات
pintor (m)	rassām (m)	رسّام

malabarista (m)	bahlawān (m)	بهلوان
payaso (m)	muharriʒ (m)	مهرّج
acróbata (m)	bahlawān (m)	بهلوان
ilusionista (m)	sāḥir (m)	ساحر

111. Profesiones diversas

médico (m)	ṭabīb (m)	طبيب
enfermera (f)	mumarriḍa (f)	ممرّضة
psiquiatra (m)	ṭabīb nafsiy (m)	طبيب نفسيّ
dentista (m)	ṭabīb al asnān (m)	طبيب الأسنان
cirujano (m)	ʒarrāḥ (m)	جرّاح

astronauta (m)	rā'id faḍā' (m)	رائد فضاء
astrónomo (m)	'ālim falak (m)	عالم فلك
piloto (m)	ṭayyār (m)	طيّار
conductor (m) (chófer)	sā'iq (m)	سائق
maquinista (m)	sā'iq (m)	سائق
mecánico (m)	mikanīkiy (m)	ميكانيكيّ
minero (m)	'āmil manʒam (m)	عامل منجم
obrero (m)	'āmil (m)	عامل
cerrajero (m)	qaffāl (m)	قفّال
carpintero (m)	naʒʒār (m)	نجّار
tornero (m)	xarrāṭ (m)	خرّاط
albañil (m)	'āmil binā' (m)	عامل بناء
soldador (m)	laḥḥām (m)	لحّام
profesor (m) (título)	brufissūr (m)	بروفيسور
arquitecto (m)	muhandis mi'māriy (m)	مهندس معماريّ
historiador (m)	mu'arrix (m)	مؤرّخ
científico (m)	'ālim (m)	عالم
físico (m)	fizyā'iy (m)	فيزيائيّ
químico (m)	kimyā'iy (m)	كيميائيّ
arqueólogo (m)	'ālim 'āθār (m)	عالم آثار
geólogo (m)	ʒiulūʒiy (m)	جيولوجيّ
investigador (m)	bāḥiθ (m)	باحث
niñera (f)	murabbiyat aṭfāl (f)	مربّية الأطفال
pedagogo (m)	mu'allim (m)	معلّم
redactor (m)	muḥarrir (m)	محرّر
redactor jefe (m)	ra'īs taḥrīr (m)	رئيس تحرير
corresponsal (m)	murāsil (m)	مراسل
mecanógrafa (f)	kātiba 'alal 'āla al kātiba (f)	كاتبة على الآلة الكاتبة
diseñador (m)	muṣammim (m)	مصمّم
especialista (m) en ordenadores	mutaxaṣṣiṣ bil kumbyūtir (m)	متخصّص بالكمبيوتر
programador (m)	mubarmiʒ (m)	مبرمج
ingeniero (m)	muhandis (m)	مهندس
marino (m)	baḥḥār (m)	بحّار
marinero (m)	baḥḥār (m)	بحّار
socorrista (m)	munqið (m)	منقذ
bombero (m)	raʒul iṭfā' (m)	رجل إطفاء
policía (m)	ʃurṭiy (m)	شرطيّ
vigilante (m) nocturno	ḥāris (m)	حارس
detective (m)	muḥaqqiq (m)	محقّق
aduanero (m)	muwazzaf al ʒamārik (m)	موظّف الجمارك
guardaespaldas (m)	ḥāris ʃaxṣiy (m)	حارس شخصيّ
guardia (m) de prisiones	ḥāris siʒn (m)	حارس سجن
inspector (m)	mufattiʃ (m)	مفتّش
deportista (m)	riyāḍiy (m)	رياضيّ
entrenador (m)	mudarrib (m)	مدرّب

carnicero (m)	ʒazzār (m)	جزّار
zapatero (m)	iskāfiy (m)	إسكافيّ
comerciante (m)	tāʒir (m)	تاجر
cargador (m)	ḥammāl (m)	حمّال

diseñador (m) de modas	muṣammim azyāʾ (m)	مصمّم أزياء
modelo (f)	mudīl (f)	موديل

112. Los trabajos. El estatus social

escolar (m)	tilmīð (m)	تلميذ
estudiante (m)	ṭālib (m)	طالب
filósofo (m)	faylasūf (m)	فيلسوف
economista (m)	iqtiṣādiy (m)	إقتصاديّ
inventor (m)	muxtariʿ (m)	مخترع
desempleado (m)	ʿāṭil (m)	عاطل
jubilado (m)	mutaqāʿid (m)	متقاعد
espía (m)	ʒāsūs (m)	جاسوس
prisionero (m)	saʒīn (m)	سجين
huelguista (m)	muḍrib (m)	مضرب
burócrata (m)	buruqrāṭiy (m)	بيوروقراطيّ
viajero (m)	raḥḥāla (m)	رحّالة
homosexual (m)	miθliy ʒinsiyyan (m)	مثليّ جنسيًّا
hacker (m)	hākir (m)	هاكر
hippie (m)	hippi (m)	هيبيّ
bandido (m)	qāṭiʿ ṭarīq (m)	قاطع طريق
sicario (m)	qātil maʾʒūr (m)	قاتل مأجور
drogadicto (m)	mudmin muxaddirāt (m)	مدمن مخدّرات
narcotraficante (m)	tāʒir muxaddirāt (m)	تاجر مخدّرات
prostituta (f)	ʿāhira (f)	عاهرة
chulo (m), proxeneta (m)	qawwād (m)	قوّاد
brujo (m)	sāḥir (m)	ساحر
bruja (f)	sāḥira (f)	ساحرة
pirata (m)	qurṣān (m)	قرصان
esclavo (m)	ʿabd (m)	عبد
samurai (m)	samurāy (m)	ساموراي
salvaje (m)	mutawaḥḥiʃ (m)	متوحّش

Los deportes

113. Tipos de deportes. Deportistas

deportista (m)	riyāḍiy (m)	رياضيّ
tipo (m) de deporte	nawʻ min ar riyāḍa (m)	نوع من الرياضة
baloncesto (m)	kurat as salla (f)	كرة السلة
baloncestista (m)	lāʻib kūrat as salla (m)	لاعب كرة السلة
béisbol (m)	kurat al qāʻida (f)	كرة القاعدة
beisbolista (m)	lāʻib kurat al qāʻida (m)	لاعب كرة القاعدة
fútbol (m)	kurat al qadam (f)	كرة القدم
futbolista (m)	lāʻib kurat al qadam (m)	لاعب كرة القدم
portero (m)	ḥāris al marma (m)	حارس المرمى
hockey (m)	huki (m)	هوكي
jugador (m) de hockey	lāʻib huki (m)	لاعب هوكي
voleibol (m)	al kura aṭ ṭāʾira (m)	الكرة الطائرة
voleibolista (m)	lāʻib al kura aṭ ṭāʾira (m)	لاعب الكرة الطائرة
boxeo (m)	mulākama (f)	ملاكمة
boxeador (m)	mulākim (m)	ملاكم
lucha (f)	muṣāraʻa (f)	مصارعة
luchador (m)	muṣāriʻ (m)	مصارع
kárate (m)	karatī (m)	كاراتيه
karateka (m)	lāʻib karatī (m)	لاعب كاراتيه
judo (m)	ʒudu (m)	جودو
judoka (m)	lāʻib ʒudu (m)	لاعب جودو
tenis (m)	tinis (m)	تنس
tenista (m)	lāʻib tinnis (m)	لاعب تنس
natación (f)	sibāḥa (f)	سباحة
nadador (m)	sabbāḥ (m)	سبّاح
esgrima (f)	musāyafa (f)	مسايفة
esgrimidor (m)	mubāriz (m)	مبارز
ajedrez (m)	ʃaṭranʒ (m)	شطرنج
ajedrecista (m)	lāʻib ʃaṭranʒ (m)	لاعب شطرنج
alpinismo (m)	tasalluq al ʒibāl (m)	تسلّق الجبال
alpinista (m)	mutasalliq al ʒibāl (m)	متسلّق الجبال
carrera (f)	ʒary (m)	جري

corredor (m)	'addā' (m)	عدّاء
atletismo (m)	al'āb al qiwa (pl)	ألعاب القوى
atleta (m)	lā'ib riyāḍiy (m)	لاعب رياضيّ

| deporte (m) hípico | riyāḍat al furūsiyya (f) | رياضة الفروسيّة |
| jinete (m) | fāris (m) | فارس |

patinaje (m) artístico	tazalluʒ fanniy 'alal ʒalīd (m)	تزلّج فنّيّ على الجليد
patinador (m)	mutazalliʒ fanniy (m)	متزلّج فنّيّ
patinadora (f)	mutazalliʒa fanniyya (f)	متزلّجة فنّيّة

| levantamiento (m) de pesas | raf' al aθqāl (m) | رفع الأثقال |
| levantador (m) de pesas | rāfi' al aθqāl (m) | رافع الأثقال |

| carreras (f pl) de coches | sibāq as sayyārāt (m) | سباق السيّارات |
| piloto (m) de carreras | sā'iq sibāq (m) | سائق سباق |

| ciclismo (m) | sibāq ad darrāʒāt (m) | سباق الدرّاجات |
| ciclista (m) | lā'ib ad darrāʒāt (m) | لاعب الدرّاجات |

salto (m) de longitud	al qafz aṭ ṭawīl (m)	القفز الطويل
salto (m) con pértiga	al qafz biz zāna (m)	القفز بالزانة
saltador (m)	qāfiz (m)	قافز

114. Tipos de deportes. Miscelánea

fútbol (m) americano	kurat al qadam (f)	كرة القدم
bádminton (m)	kurat ar rīʃa (f)	كرة الريشة
biatlón (m)	al biatlūn (m)	البياثلون
billar (m)	bilyārdu (m)	بلياردو

bobsleigh (m)	zallāʒa ʒamā'iyya (f)	زلّاجة جماعيّة
culturismo (m)	kamāl aʒsām (m)	كمال أجسام
waterpolo (m)	kurat al mā' (f)	كرة الماء
balonmano (m)	kurat al yad (f)	كرة اليد
golf (m)	gūlf (m)	جولف

remo (m)	taʒðīf (m)	تجذيف
buceo (m)	al ɣaws taḥt al mā' (m)	الغوص تحت الماء
esquí (m) de fondo	riyāḍat al iski (f)	رياضة الإسكي
tenis (m) de mesa	kurat aṭ ṭāwila (f)	كرة الطاولة

vela (f)	riyāḍa ibḥār al marākib (f)	رياضة إبحار المراكب
rally (m)	sibāq as sayyārāt (m)	سباق السيّارات
rugby (m)	raɣbi (m)	رغبي
snowboarding (m)	tazalluʒ 'laθ θulūʒ (m)	تزلّج على الثلوج
tiro (m) con arco	rimāya (f)	رماية

115. El gimnasio

| barra (f) de pesas | ḥadīda (f) | حديدة |
| pesas (f pl) | dambilz (m) | دمبلز |

aparato (m) de ejercicios	ʒihāz tadrīb (m)	جهاز تدريب
bicicleta (f) estática	darrāʒat tadrīb (f)	دراجة تدريب
cinta (f) de correr	ʒihāz al maʃy (m)	جهاز المشي

barra (f) fija	ʿuqla (f)	عقلة
barras (f pl) paralelas	al mutawāzi (m)	المتوازي
potro (m)	hisān al maqābiḍ (m)	حصان المقابض
colchoneta (f)	ḥaṣīra (f)	حصيرة

comba (f)	ḥabl an naṭṭ (m)	حبل النطّ
aeróbica (f)	at tamrīnāt al hiwā'iyya (pl)	التمرينات الهوائية
yoga (m)	yūga (f)	يوجا

116. Los deportes. Miscelánea

Juegos (m pl) Olímpicos	al'āb ulumbiyya (pl)	ألعاب أولمبيّة
vencedor (m)	fā'iz (m)	فائز
vencer (vi)	fāz	فاز
ganar (vi)	fāz	فاز

| líder (m) | zaʿīm (m) | زعيم |
| liderar (vt) | taqaddam | تقدّم |

primer puesto (m)	al martaba al ūla (f)	المرتبة الأولى
segundo puesto (m)	al martaba aθ θāniya (f)	المرتبة الثانية
tercer puesto (m)	al martaba aθ θāliθa (f)	المرتبة الثالثة

medalla (f)	midāliyya (f)	ميداليّة
trofeo (m)	ʒā'iza (f)	جائزة
copa (f) (trofeo)	ka's (m)	كأس
premio (m)	ʒā'iza (f)	جائزة
premio (m) principal	akbar ʒā'iza (f)	أكبر جائزة

| record (m) | raqm qiyāsiy (m) | رقم قياسيّ |
| establecer un record | fāz bi raqm qiyāsiy | فاز برقم قياسيّ |

| final (m) | mubarāt nihā'iyya (f) | مباراة نهائيّة |
| de final (adj) | nihā'iy | نهائيّ |

| campeón (m) | baṭal (m) | بطل |
| campeonato (m) | buṭūla (f) | بطولة |

estadio (m)	malʿab (m)	ملعب
gradería (f)	mudarraʒ (m)	مدرّج
hincha (m)	muʃaʒʒiʿ (m)	مشجّع
adversario (m)	ʿaduww (m)	عدوّ

| arrancadero (m) | xaṭṭ al bidāya (m) | خطّ البداية |
| línea (f) de meta | xaṭṭ an nihāya (m) | خطّ النهاية |

derrota (f)	hazīma (f)	هزيمة
perder (vi)	xasir	خسر
árbitro (m)	ḥakam (m)	حكم
jurado (m)	hay'at al ḥukm (f)	هيئة الحكم

cuenta (f)	natīʒa (f)	نتيجة
empate (m)	ta'ādul (m)	تعادل
empatar (vi)	ta'ādal	تعادل
punto (m)	nuqta (f)	نقطة
resultado (m)	natīʒa nihā'iyya (f)	نتيجة نهائية
tiempo (m)	ʃawt (m)	شوط
descanso (m)	istirāḥa ma bayn aʃ ʃawṭayn (f)	إستراحة ما بين الشوطين
droga (f), doping (m)	munaʃʃiṭāt (pl)	منشّطات
penalizar (vt)	'āqab	عاقب
descalificar (vt)	ḥaram	حرم
aparato (m)	ma'add riyāḍiy (f)	معدّ رياضيّ
jabalina (f)	rumḥ (m)	رمح
peso (m) (lanzamiento de ~)	ʒulla (f)	جلة
bola (f) (billar, etc.)	kura (f)	كرة
objetivo (m)	hadaf (m)	هدف
blanco (m)	hadaf (m)	هدف
tirar (vi)	aṭlaq an nār	أطلق النار
preciso (~ disparo)	maḍbūṭ	مضبوط
entrenador (m)	mudarrib (m)	مدرّب
entrenar (vt)	darrab	درّب
entrenarse (vr)	tadarrab	تدرّب
entrenamiento (m)	tadrīb (m)	تدريب
gimnasio (m)	markaz li liyāqa badaniyya (m)	مركز للياقة بدنيّة
ejercicio (m)	tamrīn (m)	تمرين
calentamiento (m)	tasχīn (m)	تسخين

La educación

escuela (f)	madrasa (f)	مدرسة
director (m) de escuela	mudīr madrasa (m)	مدير مدرسة

alumno (m)	tilmīð (m)	تلميذ
alumna (f)	tilmīða (f)	تلميذة
escolar (m)	tilmīð (m)	تلميذ
escolar (f)	tilmīða (f)	تلميذة

enseñar (vt)	'allam	علّم
aprender (ingles, etc.)	ta'allam	تعلّم
aprender de memoria	ḥafaẓ	حفظ

aprender (a leer, etc.)	ta'allam	تعلّم
estar en la escuela	daras	درس
ir a la escuela	ðahab ilal madrasa	ذهب إلى المدرسة

alfabeto (m)	alifbā' (m)	الفباء
materia (f)	mādda (f)	مادّة

aula (f)	faṣl (m)	فصل
lección (f)	dars (m)	درس
recreo (m)	istirāḥa (f)	إستراحة
campana (f)	ʒaras al madrasa (m)	جرس المدرسة
pupitre (m)	taχta lil madrasa (m)	تختة للمدرسة
pizarra (f)	sabbūra (f)	سبّورة

nota (f)	daraʒa (f)	درجة
buena nota (f)	daraʒa ʒayyida (f)	درجة جيّدة
mala nota (f)	daraʒa γayr ʒayyida (f)	درجة غير جيّدة
poner una nota	a'ṭa daraʒa	أعطى درجة

falta (f)	χaṭa' (m)	خطأ
hacer faltas	aχṭa'	أخطأ
corregir (un error)	ṣaḥḥaḥ	صحّح
chuleta (f)	waraqat γaʃʃ (f)	ورقة غشّ

deberes (m pl) de casa	wāʒib manziliy (m)	واجب منزليّ
ejercicio (m)	tamrīn (m)	تمرين

estar presente	ḥaḍar	حضر
estar ausente	γāb	غاب
faltar a las clases	taγayyab 'an al madrasa	تغيّب عن المدرسة

castigar (vt)	'āqab	عاقب
castigo (m)	'uqūba (f), 'iqāb (m)	عقوبة, عقاب
conducta (f)	sulūk (m)	سلوك

libreta (f) de notas	at taqrīr al madrasiy (m)	التقرير المدرسيّ
lápiz (m)	qalam ruṣāṣ (m)	قلم رصاص
goma (f) de borrar	astīka (f)	استيكة
tiza (f)	ṭabāʃīr (m)	طباشير
cartuchera (f)	maqlama (f)	مقلمة

mochila (f)	ʃanṭat al madrasa (f)	شنطة المدرسة
bolígrafo (m)	qalam (m)	قلم
cuaderno (m)	daftar (m)	دفتر
manual (m)	kitāb taʿlīm (m)	كتاب تعليم
compás (m)	barʒal (m)	برجل

trazar (vi, vt)	rasam rasm taqniy	رسم رسمًا تقنيًا
dibujo (m) técnico	rasm taqniy (m)	رسم تقنيّ

poema (m), poesía (f)	qaṣīda (f)	قصيدة
de memoria (adv)	ʿan ẓahr qalb	عن ظهر قلب
aprender de memoria	ḥafaẓ	حفظ

vacaciones (f pl)	ʿuṭla madrasiyya (f)	عطلة مدرسيّة
estar de vacaciones	ʿindahu ʿuṭla	عنده عطلة
pasar las vacaciones	qaḍa al ʿuṭla	قضى العطلة

prueba (f) escrita	imtiḥān (m)	إمتحان
composición (f)	inʃāʾ (m)	إنشاء
dictado (m)	imlāʾ (m)	إملاء
examen (m)	imtiḥān (m)	إمتحان
hacer un examen	marr al imtiḥān	مرّ الإمتحان
experimento (m)	taʒriba (f)	تجربة

118. Los institutos. La Universidad

academia (f)	akadīmiyya (f)	أكاديميّة
universidad (f)	ʒāmiʿa (f)	جامعة
facultad (f)	kulliyya (f)	كلّيّة

estudiante (m)	ṭālib (m)	طالب
estudiante (f)	ṭāliba (f)	طالبة
profesor (m)	muḥāḍir (m)	محاضر

aula (f)	mudarraʒ (m)	مدرّج
graduado (m)	mutaxarriʒ (m)	متخرّج

diploma (m)	diblūma (f)	دبلومة
tesis (f) de grado	risāla ʿilmiyya (f)	رسالة علميّة

estudio (m)	dirāsa (f)	دراسة
laboratorio (m)	muxtabar (m)	مختبر

clase (f)	muḥāḍara (f)	محاضرة
compañero (m) de curso	zamīl fiṣ ṣaff (m)	زميل في الصفّ

beca (f)	minḥa dirāsiyya (f)	منحة دراسيّة
grado (m) académico	daraʒa ʿilmiyya (f)	درجة علميّة

119. Las ciencias. Las disciplinas

matemáticas (f pl)	riyāḍīyyāt (pl)	رياضيّات
álgebra (f)	al ʒabr (m)	الجبر
geometría (f)	handasa (f)	هندسة

astronomía (f)	'ilm al falak (m)	علم الفلك
biología (f)	'ilm al aḥyā' (m)	علم الأحياء
geografía (f)	ʒuɣrāfiya (f)	جغرافيا
geología (f)	ʒiulūʒiya (f)	جيولوجيا
historia (f)	tarīχ (m)	تاريخ

medicina (f)	ṭibb (m)	طبّ
pedagogía (f)	'ilm at tarbiya (f)	علم التربية
derecho (m)	qānūn (m)	قانون

física (f)	fizyā' (f)	فيزياء
química (f)	kimyā' (f)	كيمياء
filosofía (f)	falsafa (f)	فلسفة
psicología (f)	'ilm an nafs (m)	علم النفس

120. Los sistemas de escritura. La ortografía

gramática (f)	an naḥw waṣ ṣarf (m)	النحو والصرف
vocabulario (m)	mufradāt al luɣa (pl)	مفردات اللغة
fonética (f)	ṣawtīyyāt (pl)	صوتيّات

sustantivo (m)	ism (m)	إسم
adjetivo (m)	ṣifa (f)	صفة
verbo (m)	fi'l (m)	فعل
adverbio (m)	ẓarf (m)	ظرف

pronombre (m)	ḍamīr (m)	ضمير
interjección (f)	ḥarf nidā' (m)	حرف نداء
preposición (f)	ḥarf al ʒarr (m)	حرف الجرّ

raíz (f), radical (m)	ʒiðr al kalima (m)	جذر الكلمة
desinencia (f)	nihāya (f)	نهاية
prefijo (m)	sābiqa (f)	سابقة
sílaba (f)	maqṭa' lafẓiy (m)	مقطع لفظيّ
sufijo (m)	lāḥiqa (f)	لاحقة

| acento (m) | nabra (f) | نبرة |
| apóstrofo (m) | 'alāmat ḥaðf (f) | علامة حذف |

punto (m)	nuqṭa (f)	نقطة
coma (m)	fāṣila (f)	فاصلة
punto y coma	nuqṭa wa fāṣila (f)	نقطة وفاصلة
dos puntos (m pl)	nuqṭatān ra'siyyatān (du)	نقطتان رأسيتان
puntos (m pl) suspensivos	θalāθ nuqaṭ (pl)	ثلاث نقط

| signo (m) de interrogación | 'alāmat istifhām (f) | علامة إستفهام |
| signo (m) de admiración | 'alāmat ta'aʒʒub (f) | علامة تعجّب |

comillas (f pl)	ʿalāmāt al iqtibās (pl)	علامات الإقتباس
entre comillas	bayn ʿalāmatay al iqtibās	بين علامتي الإقتباس
paréntesis (m)	qawsān (du)	قوسان
entre paréntesis	bayn al qawsayn	بين القوسين
guión (m)	ʿalāmat waṣl (f)	علامة وصل
raya (f)	ʃurṭa (f)	شرطة
blanco (m)	farāɣ (m)	فراغ
letra (f)	ḥarf (m)	حرف
letra (f) mayúscula	ḥarf kabīr (m)	حرف كبير
vocal (f)	ḥarf ṣawtiy (m)	حرف صوتيّ
consonante (m)	ḥarf sākin (m)	حرف ساكن
oración (f)	ʒumla (f)	جملة
sujeto (m)	fāʿil (m)	فاعل
predicado (m)	musnad (m)	مسند
línea (f)	saṭr (m)	سطر
en una nueva línea	min bidāyat as saṭr	من بداية السطر
párrafo (m)	fiqra (f)	فقرة
palabra (f)	kalima (f)	كلمة
combinación (f) de palabras	maʒmūʿa min al kalimāt (pl)	مجموعة من الكلمات
expresión (f)	ʿibāra (f)	عبارة
sinónimo (m)	murādif (m)	مرادف
antónimo (m)	mutaḍādd luɣawiy (m)	متضادّ لغويّ
regla (f)	qāʿida (f)	قاعدة
excepción (f)	istiθnāʾ (m)	إستثناء
correcto (adj)	ṣaḥīḥ	صحيح
conjugación (f)	ṣarf (m)	صرف
declinación (f)	taṣrīf al asmāʾ (m)	تصريف الأسماء
caso (m)	ḥāla ismiyya (f)	حالة إسميّة
pregunta (f)	suʾāl (m)	سؤال
subrayar (vt)	waḍaʿ χaṭṭ taḥt	وضع خطًا تحت
línea (f) de puntos	χaṭṭ munaqqaṭ (m)	خط منقّط

121. Los idiomas extranjeros

lengua (f)	luɣa (f)	لغة
extranjero (adj)	aʒnabiy	أجنبيّ
lengua (f) extranjera	luɣa aʒnabiyya (f)	لغة أجنبيّة
estudiar (vt)	daras	درس
aprender (ingles, etc.)	taʿallam	تعلّم
leer (vi, vt)	qaraʾ	قرأ
hablar (vi, vt)	takallam	تكلّم
comprender (vt)	fahim	فهم
escribir (vt)	katab	كتب
rápidamente (adv)	bi surʿa	بسرعة
lentamente (adv)	bi buṭʾ	ببطء

con fluidez (adv)	bi ṭalāqa	بطلاقة
reglas (f pl)	qawāʿid (pl)	قواعد
gramática (f)	an naḥw waṣ ṣarf (m)	النحو والصرف
vocabulario (m)	mufradāt al luɣa (pl)	مفردات اللغة
fonética (f)	ṣawtīyyāt (pl)	صوتيّات

manual (m)	kitāb taʿlīm (m)	كتاب تعليم
diccionario (m)	qāmūs (m)	قاموس
manual (m) autodidáctico	kitāb taʿlīm ðātiy (m)	كتاب تعليم ذاتيّ
guía (f) de conversación	kitāb lil ʿibārāt aʃʃāʾiʿa (m)	كتاب للعبارت الشائعة

casete (m)	ʃarīṭ (m)	شريط
videocasete (f)	ʃarīʈ vidiyu (m)	شريط فيديو
disco compacto, CD (m)	si di (m)	سي دي
DVD (m)	di vi di (m)	دي في دي

alfabeto (m)	alifbāʾ (m)	الفباء
deletrear (vt)	tahaʒʒa	تهجى
pronunciación (f)	nuṭq (m)	نطق

acento (m)	lukna (f)	لكنة
con acento	bi lukna	بلكنة
sin acento	bi dūn lukna	بدون لكنة

| palabra (f) | kalima (f) | كلمة |
| significado (m) | maʿna (m) | معنى |

cursos (m pl)	dawra (f)	دورة
inscribirse (vr)	saʒʒal ismahu	سجّل إسمه
profesor (m) (~ de inglés)	mudarris (m)	مدرس

traducción (f) (proceso)	tarʒama (f)	ترجمة
traducción (f) (texto)	tarʒama (f)	ترجمة
traductor (m)	mutarʒim (m)	مترجم
intérprete (m)	mutarʒim fawriy (m)	مترجم فوريّ

| políglota (m) | ʿalīm bi ʿiddat luɣāt (m) | عليم بعدّة لغات |
| memoria (f) | ðākira (f) | ذاكرة |

122. Los personajes de los cuentos de hadas

Papá Noel (m)	baba nuwīl (m)	بابا نويل
Cenicienta (f)	sindrīla	سيندريلا
sirena (f)	ḥūriyyat al baḥr (f)	حوريّة البحر
Neptuno (m)	nibtūn (m)	نبتون

mago (m)	sāḥir (m)	ساحر
maga (f)	sāḥira (f)	ساحرة
mágico (adj)	siḥriy	سحريّ
varita (f) mágica	ʿaṣa siḥriyya (f)	عصا سحريّة

cuento (m) de hadas	ḥikāya ɣayāliyya (f)	حكاية خيالية
milagro (m)	muʿʒiza (f)	معجزة
enano (m)	qazam (m)	قزم

transformarse en …	taḥawwal ila …	... إلى‏ تحوّل
espíritu (m) (fantasma)	ʃabaḥ (m)	شبح
fantasma (m)	ʃabaḥ (m)	شبح
monstruo (m)	waḥʃ (m)	وحش
dragón (m)	tinnīn (m)	تنّين
gigante (m)	ʿimlāq (m)	عملاق

123. Los signos de zodiaco

Aries (m)	burʒ al ḥamal (m)	برج الحمل
Tauro (m)	burʒ aθ θawr (m)	برج الثور
Géminis (m pl)	burʒ al ʒawzāʾ (m)	برج الجوزاء
Cáncer (m)	burʒ as saraṭān (m)	برج السرطان
Leo (m)	burʒ al asad (m)	برج الأسد
Virgo (m)	burʒ al ʿaðrāʾ (m)	برج العذراء
Libra (f)	burʒ al mīzān (m)	برج الميزان
Escorpio (m)	burʒ al ʿaqrab (m)	برج العقرب
Sagitario (m)	burʒ al qaws (m)	برج القوس
Capricornio (m)	burʒ al ʒaday (m)	برج الجدي
Acuario (m)	burʒ ad dalw (m)	برج الدلو
Piscis (m pl)	burʒ al ḥūt (m)	برج الحوت
carácter (m)	ṭabʿ (m)	طبع
rasgos (m pl) de carácter	aṣ ṣifāt aʃ ʃaxṣiyya (pl)	الصفات الشخصية
conducta (f)	sulūk (m)	سلوك
decir la buenaventura	tanabbaʾ	تنبّأ
adivinadora (f)	ʿarrāfa (f)	عرّافة
horóscopo (m)	tawaqquʿāt al abrāʒ (pl)	توقّعات الأبراج

El arte

teatro (m)	masraḥ (m)	مسرح
ópera (f)	ubra (f)	أوبرا
opereta (f)	ubirīt (f)	أوبريت
ballet (m)	balīh (m)	باليه
cartelera (f)	mulṣaq (m)	ملصق
compañía (f) de teatro	firqa (f)	فرقة
gira (f) artística	ȝawlat fannānīn (f)	جولة فنانين
hacer una gira artística	taȝawwal	تجوّل
ensayar (vi, vt)	aȝra bruvāt	أجرى بروفات
ensayo (m)	brūva (f)	بروفة
repertorio (m)	barnāmaȝ al masraḥ (m)	برنامج المسرح
representación (f)	adā' fanniy (m)	أداء فنّيّ
espectáculo (m)	'arḍ masraḥiy (m)	عرض مسرحيّ
pieza (f) de teatro	masraḥiyya (f)	مسرحية
billet (m)	taðkira (f)	تذكرة
taquilla (f)	ʃubbāk at taðākir (m)	شبّاك التذاكر
vestíbulo (m)	ṣāla (f)	صالة
guardarropa (f)	ɣurfat al ma'āṭif (f)	غرفة المعاطف
ficha (f) de guardarropa	biṭāqat 'īdā' al ma'āṭif (f)	بطاقة إيداع المعاطف
gemelos (m pl)	minȝār (m)	منظار
acomodador (m)	ḥāȝib (m)	حاجب
patio (m) de butacas	karāsi al urkistra (pl)	كراسي الأوركسترا
balconcillo (m)	balakūna (f)	بلكونة
entresuelo (m)	ʃurfa (f)	شرفة
palco (m)	lūȝ (m)	لوج
fila (f)	ṣaff (m)	صفّ
asiento (m)	maq'ad (m)	مقعد
público (m)	ȝumhūr (m)	جمهور
espectador (m)	muʃāhid (m)	مشاهد
aplaudir (vi, vt)	ṣaffaq	صفّق
aplausos (m pl)	taṣfīq (m)	تصفيق
ovación (f)	taṣfīq ḥārr (m)	تصفيق حارّ
escenario (m)	χaʃabat al masraḥ (f)	خشبة المسرح
telón (m)	sitāra (f)	ستارة
decoración (f)	dikūr (m)	ديكور
bastidores (m pl)	kawalīs (pl)	كواليس
escena (f)	maʃhad (m)	مشهد
acto (m)	faṣl (m)	فصل
entreacto (m)	istirāḥa (f)	إستراحة

125. El cine

actor (m)	mumaθθil (m)	ممثّل
actriz (f)	mumaθθila (f)	ممثّلة
cine (m) (industria)	sinima (f)	سينما
película (f)	film sinimā'iy (m)	فيلم سينمائيّ
episodio (m)	ʒuzʾ min al film (m)	جزء من الفيلم
película (f) policíaca	film bulīsiy (m)	فيلم بوليسيّ
película (f) de acción	film ḥaraka (m)	فيلم حركة
película (f) de aventura	film muɣāmarāt (m)	فيلم مغامرات
película (f) de ciencia ficción	film xayāl ʿilmiy (m)	فيلم خيال علميّ
película (f) de horror	film ruʿb (m)	فيلم رعب
película (f) cómica	film kumīdiya (f)	فيلم كوميديا
melodrama (m)	miludrāma (m)	ميلودراما
drama (m)	drāma (f)	دراما
película (f) de ficción	film fanniy (m)	فيلم فنّيّ
documental (m)	film waθāʾiqiy (m)	فيلم وثائقيّ
dibujos (m pl) animados	film kartūn (m)	فيلم كرتون
cine (m) mudo	sinima ṣāmita (f)	سينما صامتة
papel (m)	dawr (m)	دور
papel (m) principal	dawr raʾīsi (m)	دور رئيسي
interpretar (vt)	maθθal	مثّل
estrella (f) de cine	naʒm sinimāʾiy (m)	نجم سينمائيّ
conocido (adj)	maʿrūf	معروف
famoso (adj)	maʃhūr	مشهور
popular (adj)	maḥbūb	محبوب
guión (m) de cine	sināriyu (m)	سيناريو
guionista (m)	kātib sināriyu (m)	كاتب سيناريو
director (m) de cine	muxriʒ (m)	مخرج
productor (m)	muntiʒ (m)	منتج
asistente (m)	musāʿid (m)	مساعد
operador (m) de cámara	muṣawwir (m)	مصوّر
doble (m) de riesgo	muʾaddi maʃahid xaṭīra (m)	مؤدّي مشاهد خطيرة
doble (m)	mumaθθil badīl (m)	ممثّل بديل
filmar una película	ṣawwar film	صوّر فيلمًا
audición (f)	taʒribat adāʾ (f)	تجربة أداء
rodaje (m)	taṣwīr (m)	تصوير
equipo (m) de rodaje	ṭāqim al film (m)	طاقم الفيلم
plató (m) de rodaje	mintaqat at taṣwīr (f)	منطقة التصوير
cámara (f)	kamira sinimāʾiyya (f)	كاميرا سينمائيّة
cine (m) (iremos al ~)	sinima (f)	سينما
pantalla (f)	ʃāʃa (f)	شاشة
mostrar la película	ʿaraḍ film	عرض فيلمًا
pista (f) sonora	musīqa taṣwīriyya (f)	موسيقى تصويريّة
efectos (m pl) especiales	muʾaθθirāt xāṣṣa (pl)	مؤثّرات خاصّة

subtítulos (m pl)	tarʒamat al ḥiwār (f)	ترجمة الحوار
créditos (m pl)	ʃārat an nihāya (f)	شارة النهاية
traducción (f)	tarʒama (f)	ترجمة

126. La pintura

arte (m)	fann (m)	فن
bellas artes (f pl)	funūn ʒamīla (pl)	فنون جميلة
galería (f) de arte	maʿraḍ fanniy (m)	معرض فنّي
exposición (f) de arte	maʿraḍ fanniy (m)	معرض فني

pintura (f) (tipo de arte)	taṣwīr (m)	تصوير
gráfica (f)	rusūmiyyāt (pl)	رسوميّات
abstraccionismo (m)	fann taʒrīdiy (m)	فن تجريدي
impresionismo (m)	al intibāʿiyya (f)	الإنطباعيّة

pintura (f) (cuadro)	lawḥa (f)	لوحة
dibujo (m)	rasm (m)	رسم
pancarta (f)	mulṣaq iʿlāniy (m)	ملصق إعلاني

ilustración (f)	rasm tawḍīḥiy (m)	رسم توضيحي
miniatura (f)	ṣūra muṣaɣɣara (f)	صورة مصغّرة
copia (f)	nusxa (f)	نسخة
reproducción (f)	nusxa ṭibq al aṣl (f)	نسخة طبق الأصل

mosaico (m)	fusayfisāʾ (f)	فسيفساء
vitral (m)	zuʒāʒ muʿaʃʃaq (m)	زجاج معشّق
fresco (m)	taṣwīr ʒiṣṣiy (m)	تصوير جصّي
grabado (m)	naqʃ (m)	نقش

busto (m)	timθāl niṣfiy (m)	تمثال نصفي
escultura (f)	naḥt (m)	نحت
estatua (f)	timθāl (m)	تمثال
yeso (m)	ʒībs (m)	جبس
en yeso (adj)	min al ʒībs	من الجبس

retrato (m)	burtrī (m)	بورتريه
autorretrato (m)	burtrīh ðātiy (m)	بورتريه ذاتي
paisaje (m)	lawḥat manẓar ṭabīʿiy (f)	لوحة منظر طبيعي
naturaleza (f) muerta	ṭabīʿa ṣāmita (f)	طبيعة صامتة
caricatura (f)	ṣūra karikaturiyya (f)	صورة كاريكاتورية
boceto (m)	rasm tamhīdiy (m)	رسم تمهيدي

pintura (f) (material)	lawn (m)	لون
acuarela (f)	alwān māʾiyya (m)	ألوان مائية
óleo (m)	zayt (m)	زيت
lápiz (m)	qalam ruṣāṣ (m)	قلم رصاص
tinta (f) china	ḥibr hindiy (m)	حبر هندي
carboncillo (m)	faḥm (m)	فحم

dibujar (vi, vt)	rasam	رسم
pintar (vi, vt)	rasam	رسم
posar (vi)	qaʿad	قعد
modelo (m)	mudil ḥay (m)	موديل حي

modelo (f)	mudil ḥay (m)	موديل حيّ
pintor (m)	rassām (m)	رسّام
obra (f) de arte	ʿamal fanniy (m)	عمل فنّيّ
obra (f) maestra	tuḥfa fanniyya (f)	تحفة فنّية
estudio (m) (de un artista)	warʃa (f)	ورشة
lienzo (m)	kanava (f)	كانفا
caballete (m)	musnad ar rasm (m)	مسند الرسم
paleta (f)	lawḥat al alwān (f)	لوحة الألوان
marco (m)	iṭār (m)	إطار
restauración (f)	tarmīm (m)	ترميم
restaurar (vt)	rammam	رمم

127. La literatura y la poesía

literatura (f)	adab (m)	أدب
autor (m) (escritor)	muʼallif (m)	مؤلّف
seudónimo (m)	ism mustaʿār (m)	إسم مستعار
libro (m)	kitāb (m)	كتاب
tomo (m)	muʒallad (m)	مجلّد
tabla (f) de contenidos	fihris (m)	فهرس
página (f)	ṣafḥa (f)	صفحة
héroe (m) principal	aʃ ʃaxṣiyya ar raʼīsiyya (f)	الشخصيّة الرئيسيّة
autógrafo (m)	tawqīʿ al muʼallif (m)	توقيع المؤلّف
relato (m) corto	qiṣṣa qaṣīra (f)	قصّة قصيرة
cuento (m)	qiṣṣa (f)	قصّة
novela (f)	riwāya (f)	رواية
obra (f) literaria	muʼallif (m)	مؤلّف
fábula (f)	ḥikāya (f)	حكاية
novela (f) policíaca	riwāya bulīsiyya (f)	رواية بوليسيّة
verso (m)	qaṣīda (f)	قصيدة
poesía (f)	ʃiʿr (m)	شعر
poema (m)	qaṣīda (f)	قصيدة
poeta (m)	ʃāʿir (m)	شاعر
bellas letras (f pl)	adab ʒamīl (m)	أدب جميل
ciencia ficción (f)	xayāl ʿilmiy (m)	خيال علميّ
aventuras (f pl)	adab al muɣāmarāt (m)	أدب المغامرات
literatura (f) didáctica	adab tarbawiy (m)	أدب تربويّ
literatura (f) infantil	adab al aṭfāl (m)	أدب الأطفال

128. El circo

circo (m)	sirk (m)	سيرك
circo (m) ambulante	sirk mutanaqqil (m)	سيرك متنقّل
programa (m)	barnāmaʒ (m)	برنامج
representación (f)	adāʼ fanniy (m)	أداء فنّيّ
número (m)	dawr (m)	دور

arena (f)	ḥalbat as sirk (f)	حلبة السيرك
pantomima (f)	'arḍ 'īmā'y (m)	عرض إيمائي
payaso (m)	muharriʒ (m)	مهرّج

acróbata (m)	bahlawān (m)	بهلوان
acrobacia (f)	al'āb bahlawāniyya (f)	ألعاب بهلوانيّة
gimnasta (m)	lā'ib ʒumbāz (m)	لاعب جنباز
gimnasia (f) acrobática	ʒumbāz (m)	جنباز
salto (m)	ʃaqlaba (f)	شقلبة

forzudo (m)	lā'ib riyāḍiy (m)	لاعب رياضيّ
domador (m)	murawwiḍ (m)	مروّض
caballista (m)	fāris (m)	فارس
asistente (m)	musā'id (m)	مساعد

truco (m)	al'āb bahlawāniyya (f)	ألعاب بهلوانيّة
truco (m) de magia	χid'a siḥriyya (f)	خدعة سحريّة
ilusionista (m)	sāḥir (m)	ساحر

malabarista (m)	bahlawān (m)	بهلوان
malabarear (vt)	la'ib bi kurāt 'adīda	لعب بكرات عديدة
amaestrador (m)	mudarrib ḥayawānāt (m)	مدرّب حيوانات
amaestramiento (m)	tadrīb al ḥayawānāt (m)	تدريب الحيوانات
amaestrar (vt)	darrab	درّب

129. La música. La música popular

música (f)	musīqa (f)	موسيقى
músico (m)	'āzif (m)	عازف
instrumento (m) musical	'āla musiqiyya (f)	آلة موسيقيّة
tocar ...	'azaf ...	عزف...

guitarra (f)	gitār (m)	جيتار
violín (m)	kamān (m)	كمان
violonchelo (m)	tʃīlu (m)	تشيلو
contrabajo (m)	kamān aʒhar (m)	كمان أجهر
arpa (f)	qiθār (m)	قيثار

piano (m)	biānu (m)	بيانو
piano (m) de cola	biānu kibīr (m)	بيانو كبير
órgano (m)	arɣan (m)	أرغن

instrumentos (m pl) de viento	'ālāt nafχiyya (pl)	آلات نفخيّة
oboe (m)	ubwa (m)	أوبوا
saxofón (m)	saksufūn (m)	ساكسوفون
clarinete (m)	klarnīt (m)	كلارنيت
flauta (f)	flut (m)	فلوت
trompeta (f)	būq (m)	بوق

| acordeón (m) | ukurdiūn (m) | أكورديون |
| tambor (m) | ṭabla (f) | طبلة |

| dúo (m) | θunā'iy (m) | ثنائيّ |
| trío (m) | θulāθy (m) | ثلاثيّ |

cuarteto (m)	rubāʿiy (m)	رباعيّ
coro (m)	xūrus (m)	خورس
orquesta (f)	urkistra (f)	أوركسترا
música (f) pop	musīqa al bub (f)	موسيقى البوب
música (f) rock	musīqa ar rūk (f)	موسيقى الروك
grupo (m) de rock	firqat ar rūk (f)	فرقة الروك
jazz (m)	ʒāz (m)	جاز
ídolo (m)	maʿbūd (m)	معبود
admirador (m)	muʿʒab (m)	معجب
concierto (m)	ḥafla mūsiqiyya (f)	حفلة موسيقيّة
sinfonía (f)	simfūniyya (f)	سمفونيّة
composición (f)	qiṭʿa mūsiqiyya (f)	قطعة موسيقيّة
escribir (vt)	allaf	ألّف
canto (m)	ɣināʾ (m)	غناء
canción (f)	uɣniyya (f)	أغنيّة
melodía (f)	laḥn (m)	لحن
ritmo (m)	ʾīqāʿ (m)	إيقاع
blues (m)	musīqa al blūz (f)	موسيقى البلوز
notas (f pl)	nutāt (pl)	نوتات
batuta (f)	ʿaṣa al mayistru (m)	عصا المايسترو
arco (m)	qaws (m)	قوس
cuerda (f)	watar (m)	وتر
estuche (m)	ʃanṭa (f)	شنطة

El descanso. El entretenimiento. El viaje

130. Las vacaciones. El viaje

turismo (m)	siyāḥa (f)	سياحة
turista (m)	sā'iḥ (m)	سائح
viaje (m)	riḥla (f)	رحلة
aventura (f)	muɣāmara (f)	مغامرة
viaje (m) (p.ej. ~ en coche)	riḥla (f)	رحلة
vacaciones (f pl)	'utla (f)	عطلة
estar de vacaciones	'indahu 'utla	عنده عطلة
descanso (m)	istirāḥa (f)	إستراحة
tren (m)	qiṭār (m)	قطار
en tren	bil qiṭār	بالقطار
avión (m)	ṭā'ira (f)	طائرة
en avión	biṭ ṭā'ira	بالطائرة
en coche	bis sayyāra	بالسيّارة
en barco	bis safīna	بالسفينة
equipaje (m)	aʃ ʃunaṭ (pl)	الشنط
maleta (f)	ḥaqībat safar (f)	حقيبة سفر
carrito (m) de equipaje	'arabat ʃunaṭ (f)	عربة شنط
pasaporte (m)	ʒawāz as safar (m)	جواز السفر
visado (m)	ta'ʃīra (f)	تأشيرة
billete (m)	taðkira (f)	تذكرة
billete (m) de avión	taðkirat ṭā'ira (f)	تذكرة طائرة
guía (f) (libro)	dalīl (m)	دليل
mapa (m)	χarīṭa (f)	خريطة
área (f) (~ rural)	mintaqa (f)	منطقة
lugar (m)	makān (m)	مكان
exotismo (m)	ɣarāba (f)	غرابة
exótico (adj)	ɣarīb	غريب
asombroso (adj)	mudhiʃ	مدهش
grupo (m)	maʒmū'a (f)	مجموعة
excursión (f)	ʒawla (f)	جولة
guía (m) (persona)	murʃid (m)	مرشد

131. El hotel

hotel (m)	funduq (m)	فندق
motel (m)	mutīl (m)	موتيل
de tres estrellas	θalāθat nuʒūm	ثلاثة نجوم

de cinco estrellas	χamsat nuʒūm	خمسة نجوم
hospedarse (vr)	nazal	نزل
habitación (f)	ɣurfa (f)	غرفة
habitación (f) individual	ɣurfa li ʃaχṣ wāhid (f)	غرفة لشخص واحد
habitación (f) doble	ɣurfa li ʃaχṣayn (f)	غرفة لشخصين
reservar una habitación	haʒaz ɣurfa	حجز غرفة
media pensión (f)	waʒbitān fil yawm (du)	وجبتان في اليوم
pensión (f) completa	θalāθ waʒabāt fil yawm	ثلاث وجبات في اليوم
con baño	bi hawḍ al istihmām	بحوض الإستحمام
con ducha	bid duʃ	بالدوش
televisión (f) satélite	tilivizyūn faḍāʾiy (m)	تلفزيون فضائيَ
climatizador (m)	takyīf (m)	تكييف
toalla (f)	fūṭa (f)	فوطة
llave (f)	miftāh (m)	مفتاح
administrador (m)	mudīr (m)	مدير
camarera (f)	ʿāmilat tanzīf ɣuraf (f)	عاملة تنظيف غرف
maletero (m)	hammāl (m)	حمّال
portero (m)	bawwāb (m)	بوّاب
restaurante (m)	maṭʿam (m)	مطعم
bar (m)	bār (m)	بار
desayuno (m)	fuṭūr (m)	فطور
cena (f)	ʿaʃāʾ (m)	عشاء
buffet (m) libre	bufīh (m)	بوفيه
vestíbulo (m)	radha (f)	ردهة
ascensor (m)	miṣʿad (m)	مصعد
NO MOLESTAR	ar raʒāʾ ʿadam al izʿāʒ	الرجاء عدم الإزعاج
PROHIBIDO FUMAR	mamnūʿ at tadχīn	ممنوع التدخين

132. Los libros. La lectura

libro (m)	kitāb (m)	كتاب
autor (m)	muʾallif (m)	مؤلف
escritor (m)	kātib (m)	كاتب
escribir (~ un libro)	allaf	ألف
lector (m)	qāriʾ (m)	قارئ
leer (vi, vt)	qaraʾ	قرأ
lectura (f)	qirāʾa (f)	قراءة
en silencio	sirran	سرًا
en voz alta	bi ṣawt ʿāli	بصوت عال
editar (vt)	naʃar	نشر
edición (f) (~ de libros)	naʃr (m)	نشر
editor (m)	nāʃir (m)	ناشر
editorial (f)	dār aṭ ṭibāʾa wan naʃr (f)	دار الطباعة والنشر
salir (libro)	ṣadar	صدر

salida (f) (de un libro)	ṣudūr (m)	صدور
tirada (f)	'adad an nusaχ (m)	عدد النسخ
librería (f)	maḥall kutub (m)	محلّ كتب
biblioteca (f)	maktaba (f)	مكتبة
cuento (m)	qiṣṣa (f)	قصّة
relato (m) corto	qiṣṣa qaṣīra (f)	قصّة قصيرة
novela (f)	riwāya (f)	رواية
novela (f) policíaca	riwāya bulīsiyya (f)	رواية بوليسيّة
memorias (f pl)	muðakkirāt (pl)	مذكّرات
leyenda (f)	usṭūra (f)	أسطورة
mito (m)	χurāfa (f)	خرافة
versos (m pl)	ʃiʿr (m)	شعر
autobiografía (f)	sīrat ḥayāt (f)	سيرة حياة
obras (f pl) escogidas	muχtārāt (pl)	مختارات
ciencia ficción (f)	χayāl ʿilmiy (m)	خيال علميّ
título (m)	ʿunwān (m)	عنوان
introducción (f)	muqaddima (f)	مقدّمة
portada (f)	ṣafḥat al ʿunwān (f)	صفحة العنوان
capítulo (m)	faṣl (m)	فصل
extracto (m)	qiṭʿa (f)	قطعة
episodio (m)	maʃhad (m)	مشهد
sujeto (m)	mawdūʿ (m)	موضوع
contenido (m)	muḥtawayāt (pl)	محتويات
tabla (f) de contenidos	fihris (m)	فهرس
héroe (m) principal	aʃ ʃaχṣiyya ar raʼīsiyya (f)	الشخصيّة الرئيسيّة
tomo (m)	muʒallad (m)	مجلّد
cubierta (f)	ɣilāf (m)	غلاف
encuadernado (m)	taʒlīd (m)	تجليد
marcador (m) de libro	ʃarīṭ (m)	شريط
página (f)	ṣafḥa (f)	صفحة
hojear (vt)	qallab aṣ ṣafaḥāt	قلّب الصفحات
márgenes (m pl)	hāmiʃ (m)	هامش
anotación (f)	mulāḥaza (f)	ملاحظة
nota (f) a pie de página	mulāḥaza (f)	ملاحظة
texto (m)	naṣṣ (m)	نصّ
fuente (f)	nawʿ al χaṭṭ (m)	نوع الخطّ
errata (f)	χataʼ matbaʿiy (m)	خطأ مطبعيّ
traducción (f)	tarʒama (f)	ترجمة
traducir (vt)	tarʒam	ترجم
original (m)	aṣliy (m)	أصليّ
famoso (adj)	maʃhūr	مشهور
desconocido (adj)	ɣayr maʿrūf	غير معروف
interesante (adj)	mumtiʿ	ممتع
best-seller (m)	akθar mabīʿan (m)	أكثر مبيعًا

diccionario (m)	qāmūs (m)	قاموس
manual (m)	kitāb ta'līm (m)	كتاب تعليم
enciclopedia (f)	mawsū'a (f)	موسوعة

133. La caza. La pesca

caza (f)	ṣayd (m)	صيد
cazar (vi, vt)	iṣṭād	إصطاد
cazador (m)	ṣayyād (m)	صيّاد

tirar (vi)	aṭlaq an nār	أطلق النار
fusil (m)	bunduqiyya (f)	بندقيّة
cartucho (m)	ruṣāṣa (f)	رصاصة
perdigón (m)	raʃʃ (m)	رش

cepo (m)	maṣyada (f)	مصيدة
trampa (f)	faxx (m)	فخ
caer en el cepo	waqa' fi faxx	وقع في فخ
poner un cepo	naṣab faxx	نصب فخا

cazador (m) furtivo	sāriq aṣ ṣayd (m)	سارق الصيد
caza (f) menor	ṣayd (m)	صيد
perro (m) de caza	kalb ṣayd (m)	كلب صيد
safari (m)	safāri (m)	سفاري
animal (m) disecado	ḥayawān muḥannaṭ (m)	حيوان محنّط

pescador (m)	ṣayyād as samak (m)	صيّاد السمك
pesca (f)	ṣayd as samak (m)	صيد السمك
pescar (vi)	iṣṭād as samak	إصطاد السمك

caña (f) de pescar	ṣannāra (f)	صنّارة
sedal (m)	xayṭ (m)	خيط
anzuelo (m)	ʃaṣṣ aṣ ṣayd (m)	شصّ الصيد

| flotador (m) | 'awwāma (f) | عوّامة |
| cebo (m) | ṭu'm (m) | طعم |

| lanzar el anzuelo | ṭaraḥ aṣ ṣinnāra | طرح الصنّارة |
| picar (vt) | 'aḍḍ | عضّ |

| pesca (f) (lo pescado) | as samak al muṣṭād (m) | السمك المصطاد |
| agujero (m) en el hielo | fatḥa fil ʒalīd (f) | فتحة في الجليد |

red (f)	ʃabakat aṣ ṣayd (f)	شبكة الصيد
barca (f)	markab (m)	مركب
pescar con la red	iṣṭād biʃ ʃabaka	إصطاد بالشبكة
tirar la red	rama ʃabaka	رمى شبكة

| sacar la red | axraʒ ʃabaka | أخرج شبكة |
| caer en la red | waqa' fi ʃabaka | وقع في شبكة |

ballenero (m) (persona)	ṣayyād al ḥūt (m)	صيّاد الحوت
ballenero (m) (barco)	safinat ṣayd al ḥītān (f)	سفينة صيد الحيتان
arpón (m)	ḥarba (f)	حربة

134. Los juegos. El billar

billar (m)	bilyārdu (m)	بلياردو
sala (f) de billar	qāʿat bilyārdu (m)	قاعة بلياردو
bola (f) de billar	kura (f)	كرة
entronerar la bola	aṣqaṭ kura	أصقط كرة
taco (m)	ʿaṣa bilyardu (f)	عصا بلياردو
tronera (f)	ʒayb bilyārdu (m)	جيب بلياردو

135. Los juegos. Las cartas

carta (f)	waraqa (f)	ورقة
cartas (f pl)	waraq (m)	ورق
baraja (f)	dasta waraq al laʿb (f)	دستة ورق اللعب
triunfo (m)	waraqa rābiḥa (f)	ورقة رابحة
cuadrados (m pl)	ad dināriy (m)	الديناري
picas (f pl)	al bastūniy (m)	البستوني
corazones (m pl)	al kūba (f)	الكوبة
tréboles (m pl)	as sibātiy (m)	السباتي
as (m)	ʾās (m)	آس
rey (m)	malik (m)	ملك
dama (f)	malika (f)	ملكة
sota (f)	walad (m)	ولد
dar, distribuir (repartidor)	farraq	فرّق
barajar (vt) (mezclar las cartas)	ҳallaṭ	خلط
jugada (f) (turno)	dawr (m)	دور
punto (m)	nuqṭa (f)	نقطة
fullero (m)	muḥtāl fil qimār (m)	محتال في القمار

136. El descanso. Los juegos. Miscelánea

pasear (vi)	tanazzah	تنزّه
paseo (m) (caminata)	tanazzuh (m)	تنزّه
paseo (m) (en coche)	ʒawla bis sayyāra (f)	جولة بالسيّارة
aventura (f)	muɣāmara (f)	مغامرة
picnic (m)	nuzha (f)	نزهة
juego (m)	luʿba (f)	لعبة
jugador (m)	lāʿib (m)	لاعب
partido (m)	dawr (m)	دور
coleccionista (m)	ʒāmiʿ (m)	جامع
coleccionar (vt)	ʒamaʿ	جمع
colección (f)	maʒmūʿa (f)	مجموعة
crucigrama (m)	kalimāt mutaqāṭiʿa (pl)	كلمات متقاطعة
hipódromo (m)	ḥalbat sibāq al ҳuyūl (f)	حلبة سباق الخيول

discoteca (f)	disku (m)	ديسكو
sauna (f)	sāuna (f)	ساونا
lotería (f)	yanaṣīb (m)	يانصيب

marcha (f)	riḥlat taxyīm (f)	رحلة تخييم
campo (m)	muxayyam (m)	مخيّم
campista (m)	muxayyim (m)	مخيّم
tienda (f) de campaña	xayma (f)	خيمة
brújula (f)	būṣila (f)	بوصلة

ver (la televisión)	ʃāhid	شاهد
telespectador (m)	muʃāhid (m)	مشاهد
programa (m) de televisión	barnāmaʒ tiliviziyūniy (m)	برنامج تليفزيونيّ

137. La fotografía

| cámara (f) fotográfica | kamira (f) | كاميرا |
| fotografía (f) (una foto) | ṣūra (f) | صورة |

fotógrafo (m)	muṣawwir (m)	مصوّر
estudio (m) fotográfico	istūdiyu taṣwīr (m)	إستوديو تصوير
álbum (m) de fotos	albūm aṣ ṣuwar (m)	ألبوم الصور

objetivo (m)	ʿadasa (f)	عدسة
teleobjetivo (m)	ʿadasa tiliskūpiyya (f)	عدسة تلسكوبيّة
filtro (m)	filtir (m)	فلتر
lente (m)	ʿadasa (f)	عدسة

óptica (f)	aʒhiza baṣariyya (pl)	أجهزة بصريّة
diafragma (m)	buʾra (f)	بؤرة
tiempo (m) de exposición	muddat at taʿrīḍ (f)	مدّة التعريض
visor (m)	al ʿayn al fāḥiṣa (f)	العين الفاحصة

cámara (f) digital	kamira raqmiyya (f)	كاميرا رقميّة
trípode (m)	ḥāmil θulāθiy (m)	حامل ثلاثيّ
flash (m)	flāʃ (m)	فلاش

fotografiar (vt)	ṣawwar	صوّر
hacer fotos	ṣawwar	صوّر
fotografiarse (vr)	taṣawwar	تصوّر

foco (m)	buʾrat al ʿadasa (f)	بؤرة العدسة
enfocar (vt)	rakkaz	ركّز
nítido (adj)	wāḍiḥ	واضح
nitidez (f)	wuḍūḥ (m)	وضوح

| contraste (m) | tabāyun (m) | تباين |
| de alto contraste (adj) | mutabāyin | متباين |

foto (f)	ṣūra (f)	صورة
negativo (m)	ṣūra sāliba (f)	صورة سالبة
película (f) fotográfica	film (m)	فيلم
fotograma (m)	iṭār (m)	إطار
imprimir (vt)	ṭabaʿ	طبع

138. La playa. La natación

Español	Transcripción	Árabe
playa (f)	ʃāṭiʾ (m)	شاطئ
arena (f)	raml (m)	رمل
desierto (playa ~a)	mahʒūr	مهجور
bronceado (m)	sumrat al baʃara (f)	سمرة البشرة
broncearse (vr)	taʃammas	تشمس
bronceado (adj)	asmar	أسمر
protector (m) solar	krīm wāqi aʃ ʃams (m)	كريم واقي الشمس
bikini (m)	bikini (m)	بكيني
traje (m) de baño	libās sibāḥa (m)	لباس سباحة
bañador (m)	libās sibāḥa riʒāliy (m)	لباس سباحة رجاليّ
piscina (f)	masbaḥ (m)	مسبح
nadar (vi)	sabaḥ	سبح
ducha (f)	dūʃ (m)	دوش
cambiarse (vr)	ɣayyar libāsuh	غيّر لباسه
toalla (f)	fūṭa (f)	فوطة
barca (f)	markab (m)	مركب
lancha (f) motora	lanʃ (m)	لنش
esquís (m pl) acuáticos	tazalluʒ ʿalal mā’ (m)	تزلج على الماء
bicicleta (f) acuática	ʿaʒala mā’iyya (f)	عجلة مائية
surf (m)	rukūb al amwāʒ (m)	ركوب الأمواج
surfista (m)	rākib al amwāʒ (m)	راكب الأمواج
equipo (m) de buceo	ʒihāz at tanaffus (m)	جهاز التنفّس
aletas (f pl)	zaʿānif as sibāḥa (pl)	زعانف السباحة
máscara (f) de buceo	kimāma (f)	كمامة
buceador (m)	ɣawwāṣ (m)	غوّاص
bucear (vi)	ɣāṣ	غاص
bajo el agua (adv)	taḥt al mā’	تحت الماء
sombrilla (f)	ʃamsiyya (f)	شمسيّة
tumbona (f)	kursiy blāʒ (m)	كرسيّ بلاج
gafas (f pl) de sol	nazzārat ʃams (f)	نظّارة شمس
colchoneta (f) inflable	martaba hawā’iyya (f)	مرتبة هوائيّة
jugar (divertirse)	laʿib	لعب
bañarse (vr)	sabaḥ	سبح
pelota (f) de playa	kura (f)	كرة
inflar (vt)	nafaχ	نفخ
inflable (colchoneta ~)	qābil lin nafχ	قابل للنفخ
ola (f)	mawʒa (f)	موجة
boya (f)	ʃamandūra (f)	شمندورة
ahogarse (vr)	ɣariq	غرق
salvar (vt)	anqað	أنقذ
chaleco (m) salvavidas	sutrat naʒāt (f)	سترة نجاة
observar (vt)	rāqab	راقب
socorrista (m)	ḥāris ʃāṭiʾ (m)	حارس شاطئ

EL EQUIPO TÉCNICO. EL TRANSPORTE

El equipo técnico

139. El computador

ordenador (m)	kumbyūtir (m)	كمبيوتر
ordenador (m) portátil	kumbyūtir maḥmūl (m)	كمبيوتر محمول
encender (vt)	ʃaɣɣal	شغّل
apagar (vt)	aɣlaq	أغلق
teclado (m)	lawḥat al mafātīḥ (f)	لوحة المفاتيح
tecla (f)	miftāḥ (m)	مفتاح
ratón (m)	faʾra (f)	فأرة
alfombrilla (f) para ratón	wisādat faʾra (f)	وسادة فأرة
botón (m)	zirr (m)	زرّ
cursor (m)	muʾaʃʃir (m)	مؤشّر
monitor (m)	ʃāʃa (f)	شاشة
pantalla (f)	ʃāʃa (f)	شاشة
disco (m) duro	qurṣ ṣalib (m)	قرص صلب
volumen (m) de disco duro	siʿat taχzīn (f)	سعة تخزين
memoria (f)	ðākira (f)	ذاكرة
memoria (f) operativa	ðākirat al wuṣūl al ʿaʃwāʾiy (f)	ذاكرة الوصول العشوائيّ
archivo, fichero (m)	malaff (m)	ملفّ
carpeta (f)	ḥāfiẓa (m)	حافظة
abrir (vt)	fataḥ	فتح
cerrar (vt)	aɣlaq	أغلق
guardar (un archivo)	ḥafaẓ	حفظ
borrar (vt)	masaḥ	مسح
copiar (vt)	nasaχ	نسخ
ordenar (vt) (~ de A a Z, etc.)	ṣannaf	صنّف
transferir (vt)	naqal	نقل
programa (m)	barnāmaʒ (m)	برنامج
software (m)	barāmiʒ kumbyūtir (pl)	برامج كمبيوتر
programador (m)	mubarmiʒ (m)	مبرمج
programar (vt)	barmaʒ	برمج
hacker (m)	hākir (m)	هاكر
contraseña (f)	kalimat as sirr (f)	كلمة السرّ
virus (m)	virūs (m)	فيروس
detectar (vt)	waʒad	وجد
octeto, byte (m)	bayt (m)	بايت

megaocteto (m)	miʒabāyt (m)	ميجابايت
datos (m pl)	bayānāt (pl)	بيانات
base (f) de datos	qaʿidat bayānāt (f)	قاعدة بيانات

cable (m)	kābil (m)	كابل
desconectar (vt)	faṣal	فصل
conectar (vt)	waṣṣal	وصّل

140. El internet. El correo electrónico

internet (m), red (f)	intirnit (m)	إنترنت
navegador (m)	mutaṣaffiḥ (m)	متصفح
buscador (m)	muḥarrik baḥθ (m)	محرّك بحث
proveedor (m)	ʃarikat al intirnīt (f)	شركة الإنترنيت

webmaster (m)	mudīr al mawqiʿ (m)	مدير الموقع
sitio (m) web	mawqiʿ iliktrūniy (m)	موقع إلكتروني
página (f) web	ṣafḥat wīb (f)	صفحة ويب

dirección (f)	ʿunwān (m)	عنوان
libro (m) de direcciones	daftar al ʿanāwīn (m)	دفتر العناوين

buzón (m)	ṣundūq al barīd (m)	صندوق البريد
correo (m)	barīd (m)	بريد
lleno (adj)	mumtaliʾ	ممتلىء

mensaje (m)	risāla iliktrūniyya (f)	رسالة إلكترونيّة
correo (m) entrante	rasaʾil wārida (pl)	رسائل واردة
correo (m) saliente	rasaʾil ṣādira (pl)	رسائل صادرة
expedidor (m)	mursil (m)	مرسل
enviar (vt)	arsal	أرسل
envío (m)	irsāl (m)	إرسال
destinatario (m)	mursal ilayh (m)	مرسل إليه
recibir (vt)	istalam	إستلم

correspondencia (f)	murāsala (f)	مراسلة
escribirse con …	tarāsal	تراسل

archivo, fichero (m)	malaff (m)	ملفّ
descargar (vt)	ḥammal	حمّل
crear (vt)	anʃaʾ	أنشأ
borrar (vt)	masaḥ	مسح
borrado (adj)	mamsūḥ	ممسوح

conexión (f) (ADSL, etc.)	ittiṣāl (m)	إتّصال
velocidad (f)	surʿa (f)	سرعة
módem (m)	mudim (m)	مودم
acceso (m)	wuṣūl (m)	وصول
puerto (m)	maxraʒ (m)	مخرج

conexión (f) (establecer la ~)	ittiṣāl (m)	إتّصال
conectarse a …	ittaṣal	إتّصل
seleccionar (vt)	ixtār	إختار
buscar (vt)	baḥaθ	بحث

El transporte

avión (m)	ṭā'ira (f)	طائرة
billete (m) de avión	taðkirat ṭā'ira (f)	تذكرة طائرة
compañía (f) aérea	ʃarikat ṭayarān (f)	شركة طيران
aeropuerto (m)	maṭār (m)	مطار
supersónico (adj)	χāriq liṣ ṣawt	خارق للصوت
comandante (m)	qā'id aṭ ṭā'ira (m)	قائد الطائرة
tripulación (f)	ṭāqim (m)	طاقم
piloto (m)	ṭayyār (m)	طيّار
azafata (f)	muḍīfat ṭayarān (f)	مضيفة طيران
navegador (m)	mallāḥ (m)	ملّاح
alas (f pl)	aʒniḥa (pl)	أجنحة
cola (f)	ðayl (m)	ذيل
cabina (f)	kabīna (f)	كابينة
motor (m)	mutūr (m)	موتور
tren (m) de aterrizaje	ʿaʒalāt al hubūṭ (pl)	عجلات الهبوط
turbina (f)	turbīna (f)	تربينة
hélice (f)	mirwaḥa (f)	مروحة
caja (f) negra	musaʒʒil aṭ ṭayarān (m)	مسجّل الطيران
timón (m)	ʿaʒalat qiyāda (f)	عجلة قيادة
combustible (m)	wuqūd (m)	وقود
instructivo (m) de seguridad	biṭāqat as salāma (f)	بطاقة السلامة
respirador (m) de oxígeno	qināʿ uksiʒīn (m)	قناع أوكسيجين
uniforme (m)	libās muwaḥḥad (m)	لباس موحّد
chaleco (m) salvavidas	sutrat naʒāt (f)	سترة نجاة
paracaídas (m)	miʒallat hubūṭ (f)	مظلّة هبوط
despegue (m)	iqlāʿ (m)	إقلاع
despegar (vi)	aqlaʿat	أقلعت
pista (f) de despegue	madraʒ aṭ ṭā'irāt (m)	مدرج الطائرات
visibilidad (f)	ru'ya (f)	رؤية
vuelo (m)	ṭayarān (m)	طيران
altura (f)	irtifāʿ (m)	إرتفاع
pozo (m) de aire	ʒayb hawā'iy (m)	جيب هوائيّ
asiento (m)	maqʿad (m)	مقعد
auriculares (m pl)	sammāʿāt ra'siya (pl)	سمّاعات رأسيّة
mesita (f) plegable	ṣīniyya qābila liṭ ṭayy (f)	صينية قابلة للطيّ
ventana (f)	ʃubbāk aṭ ṭā'ira (m)	شبّاك الطائرة
pasillo (m)	mamarr (m)	ممرّ

142. El tren

tren (m)	qiṭār (m)	قطار
tren (m) de cercanías	qiṭār (m)	قطار
tren (m) rápido	qiṭār sarīʿ (m)	قطار سريع
locomotora (f) diésel	qāṭirat dīzil (f)	قاطرة ديزل
tren (m) de vapor	qāṭira buⲭāriyya (f)	قاطرة بخارية

coche (m)	ʿaraba (f)	عربة
coche (m) restaurante	ʿarabat al maṭʿam (f)	عربة المطعم

rieles (m pl)	quḍubān (pl)	قضبان
ferrocarril (m)	sikka ḥadīdiyya (f)	سكة حديدية
traviesa (f)	ʿāriḍa (f)	عارضة

plataforma (f)	raṣīf (m)	رصيف
vía (f)	ⲭaṭṭ (m)	خط
semáforo (m)	simafūr (m)	سيمافور
estación (f)	maḥaṭṭa (f)	محطة

maquinista (m)	sāʾiq (m)	سائق
maletero (m)	ḥammāl (m)	حمّال
mozo (m) del vagón	masʾūl ʿarabat al qiṭār (m)	مسؤول عربة القطار
pasajero (m)	rākib (m)	راكب
revisor (m)	kamsariy (m)	كمسريّ

corredor (m)	mamarr (m)	ممرّ
freno (m) de urgencia	farāmil aṭ ṭawāriʾ (pl)	فرامل الطوارئ

compartimiento (m)	ⲭurfa (f)	غرفة
litera (f)	sarīr (m)	سرير
litera (f) de arriba	sarīr ʿulwiy (m)	سرير علويّ
litera (f) de abajo	sarīr sufliy (m)	سرير سفليّ
ropa (f) de cama	aⲭṭiyat as sarīr (pl)	أغطية السرير

billete (m)	taðkira (f)	تذكرة
horario (m)	ȝadwal (m)	جدول
pantalla (f) de información	lawḥat maʿlūmāt (f)	لوحة معلومات

partir (vi)	ⲭādar	غادر
partida (f) (del tren)	muⲭādara (f)	مغادرة

llegar (tren)	waṣal	وصل
llegada (f)	wuṣūl (m)	وصول

llegar en tren	waṣal bil qiṭār	وصل بالقطار
tomar el tren	rakib al qiṭār	ركب القطار
bajar del tren	nazil min al qiṭār	نزل من القطار

descarrilamiento (m)	ḥiṭām qiṭār (m)	حطام قطار
descarrilarse (vr)	ⲭaraȝ ʿan ⲭaṭṭ sayrih	خرج عن خط سيره
tren (m) de vapor	qāṭira buⲭāriyya (f)	قاطرة بخارية
fogonero (m)	ʿaṭaʃȝiy (m)	عطشجيّ
hogar (m)	furn al muḥarrik (m)	فرن المحرّك
carbón (m)	faḥm (m)	فحم

143. El barco

barco, buque (m)	safīna (f)	سفينة
navío (m)	safīna (f)	سفينة
buque (m) de vapor	bāxira (f)	باخرة
motonave (f)	bāxira nahriyya (f)	باخرة نهريّة
trasatlántico (m)	bāxira siyaḥiyya (f)	باخرة سياحيّة
crucero (m)	ṭarrād (m)	طرّاد
yate (m)	yaxt (m)	يخت
remolcador (m)	qāṭira (f)	قاطرة
barcaza (f)	ṣandal (m)	صندل
ferry (m)	ʿabbāra (f)	عبّارة
velero (m)	safīna ʃirāʿiyya (m)	سفينة شراعيّة
bergantín (m)	markab ʃirāʿiy (m)	مركب شراعيّ
rompehielos (m)	muḥaṭṭimat ʒalīd (f)	محطّمة جليد
submarino (m)	ɣawwāṣa (f)	غوّاصة
bote (m) de remo	markab (m)	مركب
bote (m)	zawraq (m)	زورق
bote (m) salvavidas	qārib naʒāt (m)	قارب نجاة
lancha (f) motora	lanʃ (m)	لنش
capitán (m)	qubṭān (m)	قبطان
marinero (m)	baḥḥār (m)	بحّار
marino (m)	baḥḥār (m)	بحّار
tripulación (f)	ṭāqim (m)	طاقم
contramaestre (m)	raʾīs al baḥḥāra (m)	رئيس البحّارة
grumete (m)	ṣabiy as safīna (m)	صبي السفينة
cocinero (m) de abordo	ṭabbāx (m)	طبّاخ
médico (m) del buque	ṭabīb as safīna (m)	طبيب السفينة
cubierta (f)	saṭḥ as safīna (m)	سطح السفينة
mástil (m)	sāriya (f)	سارية
vela (f)	ʃirāʿ (m)	شراع
bodega (f)	ʿambar (m)	عنبر
proa (f)	muqaddama (m)	مقدّمة
popa (f)	muʾaxirat as safīna (f)	مؤخّرة السفينة
remo (m)	miʒðāf (m)	مجداف
hélice (f)	mirwaḥa (f)	مروحة
camarote (m)	kabīna (f)	كابينة
sala (f) de oficiales	ɣurfat al istirāḥa (f)	غرفة الإستراحة
sala (f) de máquinas	qism al ʾālāt (m)	قسم الآلات
puente (m) de mando	burʒ al qiyāda (m)	برج القيادة
sala (f) de radio	ɣurfat al lāsilkiy (f)	غرفة اللاسلكيّ
onda (f)	mawʒa (f)	موجة
cuaderno (m) de bitácora	siʒil as safīna (m)	سجل السفينة
anteojo (m)	minẓār (m)	منظار
campana (f)	ʒaras (m)	جرس

bandera (f)	ʿalam (m)	علم
cabo (m) (maroma)	ḥabl (m)	حبل
nudo (m)	ʿuqda (f)	عقدة

pasamano (m)	drabizīn (m)	درابزين
pasarela (f)	sullam (m)	سلّم

ancla (f)	mirsāt (f)	مرساة
levar ancla	rafaʿ mirsāt	رفع مرساة
echar ancla	rasa	رسا
cadena (f) del ancla	silsilat mirsāt (f)	سلسلة مرساة

puerto (m)	mīnāʾ (m)	ميناء
embarcadero (m)	marsa (m)	مرسى
amarrar (vt)	rasa	رسا
desamarrar (vt)	aqlaʿ	أقلع

viaje (m)	riḥla (f)	رحلة
crucero (m) (viaje)	riḥla baḥriyya (f)	رحلة بحرية
derrota (f) (rumbo)	masār (m)	مسار
itinerario (m)	ṭarīq (m)	طريق

canal (m) navegable	maʒra milāḥiy (m)	مجرى ملاحيّ
bajío (m)	miyāh ḍaḥla (f)	مياه ضحلة
encallar (vi)	ʒanaḥ	جنح

tempestad (f)	ʿāṣifa (f)	عاصفة
señal (f)	iʃāra (f)	إشارة
hundirse (vr)	ɣariq	غرق
¡Hombre al agua!	saqaṭ raʒul min as safīna!	سقط رجل من السفينة!
SOS	nidāʾ iɣāθa (m)	نداء إغاثة
aro (m) salvavidas	ṭawq naʒāt (m)	طوق نجاة

144. El aeropuerto

aeropuerto (m)	maṭār (m)	مطار
avión (m)	ṭāʾira (f)	طائرة
compañía (f) aérea	ʃarikat ṭayarān (f)	شركة طيران
controlador (m) aéreo	marāqib al ḥaraka al ʒawwiyya (pl)	مراقب الحركة الجويّة

despegue (m)	muɣādara (f)	مغادرة
llegada (f)	wuṣūl (m)	وصول
llegar (en avión)	waṣal	وصل

hora (f) de salida	waqt al muɣādara (m)	وقت المغادرة
hora (f) de llegada	waqt al wuṣūl (m)	وقت الوصول

retrasarse (vr)	taʾaxxar	تأخّر
retraso (m) de vuelo	taʾaxxur ar riḥla (m)	تأخّر الرحلة

pantalla (f) de información	lawhat al maʿlūmāt (f)	لوحة المعلومات
información (f)	istiʿlāmāt (pl)	إستعلامات
anunciar (vt)	aʿlan	أعلن

vuelo (m)	riḥla (f)	رحلة
aduana (f)	ʒamārik (pl)	جمارك
aduanero (m)	muwaẓẓaf al ʒamārik (m)	موظّف الجمارك

declaración (f) de aduana	taṣrīḥ ʒumrukiy (m)	تصريح جمركيّ
rellenar (vt)	mala'	ملأ
rellenar la declaración	mala' at taṣrīḥ	ملأ التصريح
control (m) de pasaportes	taftīʃ al ʒawāzāt (m)	تفتيش الجوازات

equipaje (m)	aʃ ʃunaṭ (pl)	الشنط
equipaje (m) de mano	ʃunaṭ al yad (pl)	شنط اليد
carrito (m) de equipaje	'arabat ʃunaṭ (f)	عربة شنط

aterrizaje (m)	hubūṭ (m)	هبوط
pista (f) de aterrizaje	mamarr al hubūṭ (m)	ممرّ الهبوط
aterrizar (vi)	habaṭ	هبط
escaleras (f pl) (de avión)	sullam aṭ ṭā'ira (m)	سلّم الطائرة

facturación (f) (check-in)	tasʒīl (m)	تسجيل
mostrador (m) de facturación	makān at tasʒīl (m)	مكان التسجيل
hacer el check-in	saʒʒal	سجّل
tarjeta (f) de embarque	biṭāqat ṣu'ūd (f)	بطاقة صعود
puerta (f) de embarque	bawwābat al muɣādara (f)	بوّابة المغادرة

tránsito (m)	tranzīt (m)	ترانزيت
esperar (aguardar)	intazar	إنتظر
zona (f) de preembarque	qā'at al muɣādara (f)	قاعة المغادرة
despedir (vt)	wadda'	ودّع
despedirse (vr)	wadda'	ودّع

145. La bicicleta. La motocicleta

bicicleta (f)	darrāʒa (f)	درّاجة
scooter (m)	skutir (m)	سكوتر
motocicleta (f)	darrāʒa nāriyya (f)	درّاجة ناريّة

ir en bicicleta	rakib ad darrāʒa	ركب الدرّاجة
manillar (m)	miqwad (m)	مقود
pedal (m)	dawwāsa (f)	دوّاسة
frenos (m pl)	farāmil (pl)	فرامل
sillín (m)	maq'ad (m)	مقعد

bomba (f)	ṭulumba (f)	طلمبة
portaequipajes (m)	raff al amti'a (m)	رفّ الأمتعة
faro (m)	miṣbāḥ (m)	مصباح
casco (m)	xūða (f)	خوذة

rueda (f)	'aʒala (f)	عجلة
guardabarros (m)	rafraf (m)	رفرف
llanta (f)	iṭār (m)	إطار
rayo (m)	barmaq al 'aʒala (m)	برمق العجلة

Los coches

146. El coche

coche (m)	sayyāra (f)	سيّارة
coche (m) deportivo	sayyāra riyāḍiyya (f)	سيّارة رياضيّة
limusina (f)	limuzīn (m)	ليموزين
todoterreno (m)	sayyārat ṭuruq waʻra (f)	سيّارة طرق وعرة
cabriolé (m)	kabriulīh (m)	كابريوليه
microbús (m)	mikrubāṣ (m)	ميكروباص
ambulancia (f)	isʻāf (m)	إسعاف
quitanieves (m)	ʒarrāfat θalʒ (f)	جرّافة ثلج
camión (m)	ʃāḥina (f)	شاحنة
camión (m) cisterna	nāqilat bitrūl (f)	ناقلة بترول
camioneta (f)	ʻarabat naql (f)	عربة نقل
cabeza (f) tractora	ʒarrār (m)	جرّار
remolque (m)	maqṭūra (f)	مقطورة
confortable (adj)	murīḥ	مريح
de ocasión (adj)	mustaʻmal	مستعمل

147. El coche. El taller

capó (m)	kabbūt (m)	كبّوت
guardabarros (m)	rafraf (m)	رفرف
techo (m)	saqf (m)	سقف
parabrisas (m)	zuʒāʒ amāmiy (m)	زجاج أماميّ
espejo (m) retrovisor	mirʼāt dāxiliyya (f)	مرآة داخليّة
limpiador (m)	munaẓẓif az zuʒāʒ (m)	منظّف الزجاج
limpiaparabrisas (m)	massāḥāt (pl)	مسّاحات
ventana (f) lateral	zuʒāʒ ʒānibiy (m)	زجاج جانبيّ
elevalunas (m)	mākina zuʒāʒ (f)	ماكينة زجاج
antena (f)	hawāʼiy (m)	هوائيّ
techo (m) solar	nāfiðat as saqf (f)	نافذة السقف
parachoques (m)	miṣadd as sayyāra (m)	مصدّ السيّارة
maletero (m)	ṣundūq as sayyāra (m)	صندوق السيّارة
baca (f) (portaequipajes)	raff saqf as sayyāra (m)	رفّ سقف السيّارة
puerta (f)	bāb (m)	باب
tirador (m) de puerta	ukrat al bāb (f)	أوكرة الباب
cerradura (f)	qifl al bāb (m)	قفل الباب
matrícula (f)	lawḥat raqm as sayyāra (f)	لوحة رقم السيّارة
silenciador (m)	kātim aṣ ṣawt (m)	كاتم الصوت

| tanque (m) de gasolina | xazzān al banzīn (m) | خزّان البنزين |
| tubo (m) de escape | umbūb al ʿādim (m) | أنبوب العادم |

acelerador (m)	ɣāz (m)	غاز
pedal (m)	dawwāsa (f)	دوّاسة
pedal (m) de acelerador	dawwāsat al wuqūd (f)	دوّاسة الوقود

freno (m)	farāmil (pl)	فرامل
pedal (m) de freno	dawwāsat al farāmil (m)	دوّاسة الفرامل
frenar (vi)	farmal	فرمل
freno (m) de mano	farmalat al yad (f)	فرملة اليد

embrague (m)	taʿʃīq (m)	تعشيق
pedal (m) de embrague	dawwāsat at taʿʃīq (f)	دوّاسة التعشيق
disco (m) de embrague	qurṣ at taʿʃīq (m)	قرص التعشيق
amortiguador (m)	mumtaṣṣ liṣ ṣadamāt (m)	ممتصّ الصدمات

rueda (f)	ʿaʒala (f)	عجلة
rueda (f) de repuesto	ʿaʒala iḥtiyāṭiyya (f)	عجلة احتياطيّة
neumático (m)	iṭār (m)	إطار
tapacubo (m)	ɣiṭāʾ miḥwar al ʿaʒala (m)	غطاء محور العجلة

ruedas (f pl) motrices	ʿaʒalāt al qiyāda (pl)	عجلات القيادة
de tracción delantera	dafʿ amāmiy (m)	دفع أماميّ
de tracción trasera	dafʿ xalfiy (m)	دفع خلفيّ
de tracción integral	dafʿ rubāʿiy (m)	دفع رباعيّ

caja (f) de cambios	ṣundūq at turūs (m)	صندوق التروس
automático (adj)	utumatīkiy	أوتوماتيكيّ
mecánico (adj)	yadawiy	يدويّ
palanca (f) de cambios	nāqil as surʿa (m)	ناقل السرعة

| faro (m) delantero | al miṣbāḥ al amāmiy (m) | المصباح الأماميّ |
| faros (m pl) | al maṣābīḥ al amāmiyya (pl) | المصابيح الأماميّة |

luz (f) de cruce	al anwār al munxafiḍa (pl)	الأنوار المنخفضة
luz (f) de carretera	al anwār al ʿāliya (m)	الأنوار العالية
luz (f) de freno	ḍūʾ al farāmil (m)	ضوء الفرامل

luz (f) de posición	aḍwāʾ ʒānibiyya (pl)	أضواء جانبيّة
luces (f pl) de emergencia	aḍwāʾ at taḥðīr (pl)	أضواء التحذير
luces (f pl) antiniebla	aḍwāʾ aḍ ḍabāb (pl)	أضواء الضباب
intermitente (m)	iʃārat al inʿiṭāf (f)	إشارة الإنعطاف
luz (f) de marcha atrás	miṣbāḥ ar ruʒūʿ lil xalf (m)	مصباح الرجوع للخلف

148. El coche. El compartimiento de pasajeros

habitáculo (m)	ṣālūn as sayyāra (m)	صالون السيّارة
de cuero (adj)	min al ʒild	من الجلد
de felpa (adj)	min al muxmal	من المخمل
tapizado (m)	tanʒīd (m)	تنجيد

| instrumento (m) | ʒihāz (m) | جهاز |
| salpicadero (m) | lawḥat at taḥakkum (f) | لوحة التحكم |

| velocímetro (m) | 'addād sur'a (m) | عدّاد سرعة |
| aguja (f) | mu'aʃʃir (m) | مؤشّر |

cuentakilómetros (m)	'addād al masāfāt (m)	عدّاد المسافات
indicador (m)	'addād (m)	عدّاد
nivel (m)	mustawa (m)	مستوى
testigo (m) (~ luminoso)	lammbat inðār (f)	لمبة إنذار

volante (m)	miqwad (m)	مقود
bocina (f)	zāmūr (m)	زامور
botón (m)	zirr (m)	زر
interruptor (m)	nāqil, miftāḥ (m)	ناقل، مفتاح

asiento (m)	maq'ad (m)	مقعد
respaldo (m)	misnad aẓ ẓahr (m)	مسند الظهر
reposacabezas (m)	masnad ar ra's (m)	مسند الرأس
cinturón (m) de seguridad	ḥizām al amn (m)	حزام الأمن
abrocharse el cinturón	rabaṭ al ḥizām	ربط الحزام
reglaje (m)	ḍabṭ (m)	ضبط

| bolsa (f) de aire (airbag) | wisāda hawā'iyya (f) | وسادة هوائيّة |
| climatizador (m) | takyīf (m) | تكييف |

radio (m)	iðā'a (f)	إذاعة
reproductor (m) de CD	muʃayyil sidi (m)	مشغّل سي دي
encender (vt)	fataḥ, ʃayyal	فتح، شغّل
antena (f)	hawā'iy (m)	هوائيّ
guantera (f)	durз (m)	درج
cenicero (m)	ṭaqṭūqa (f)	طقطوقة

149. El coche. El motor

motor (m)	muḥarrik (m)	محرّك
motor (m)	mutūr (m)	موتور
diésel (adj)	dīzil	ديزل
a gasolina (adj)	'alal banzīn	على البنزين

volumen (m) del motor	si'at al muḥarrik (f)	سعة المحرّك
potencia (f)	qudra (f)	قدرة
caballo (m) de fuerza	ḥiṣān (m)	حصان
pistón (m)	mikbas (m)	مكبس
cilindro (m)	usṭuwāna (f)	أسطوانة
válvula (f)	ṣimām (m)	صمام

inyector (m)	зihāz baxxāx (f)	جهاز بخّاخ
generador (m)	muwallid (m)	مولّد
carburador (m)	karburātir (m)	كاربراتير
aceite (m) de motor	zayt al muḥarrik (m)	زيت المحرّك

radiador (m)	mubarrid al muḥarrik (m)	مبرّد المحرّك
liquido (m) refrigerante	mādda mubarrida (f)	مادّة مبرّدة
ventilador (m)	mirwaḥa (f)	مروحة
estárter (m)	miftāḥ at taʃyīl (m)	مفتاح التشغيل
encendido (m)	niẓām taʃyīl (m)	نظام تشغيل

bujía (f)	ʃamˁat al iḥtirāq (f)	شمعة الاحتراق
fusible (m)	fāṣima (f)	فاصمة
batería (f)	baṭṭāriyya (f)	بطاريّة
terminal (m)	ṭaraf tawṣīl (m)	طرف توصيل
terminal (m) positivo	ṭaraf mūʒab (m)	طرف موجب
terminal (m) negativo	ṭaraf sālib (m)	طرف سالب
filtro (m) de aire	miṣfāt al hawā' (f)	مصفاة الهواء
filtro (m) de aceite	miṣfāt az zayt (f)	مصفاة الزيت
filtro (m) de combustible	miṣfāt al banzīn (f)	مصفاة البنزين

150. El coche. Accidente de tráfico. La reparación

accidente (m)	ḥādiθ sayyāra (f)	حادث سيّارة
accidente (m) de tráfico	ḥādiθ murūriy (m)	حادث مروريّ
chocar contra …	iṣtadam	إصطدم
tener un accidente	taḥaṭṭam	تحطّم
daño (m)	χasāra (f)	خسارة
intacto (adj)	salīm	سليم
averiarse (vr)	taˁaṭṭal	تعطّل
remolque (m) (cuerda)	ḥabl as saḥb (m)	حبل السحب
pinchazo (m)	θuqb (m)	ثقب
desinflarse (vr)	faʃʃ	فشّ
inflar (vt)	nafaχ	نفخ
presión (f)	ḍaɣṭ (m)	ضغط
verificar (vt)	iχtabar	إختبر
reparación (f)	iṣlāḥ (m)	إصلاح
taller (m)	warʃat iṣlāḥ as sayyārāt (f)	ورشة إصلاح السيّارات
parte (f) de repuesto	qiṭˁat ɣiyār (f)	قطعة غيار
parte (f)	qiṭˁa (f)	قطعة
perno (m)	mismār qalāwūz (m)	مسمار قلاووظ
tornillo (m)	burɣiy (m)	برغيّ
tuerca (f)	ṣamūla (f)	صامولة
arandela (f)	ḥalqa (f)	حلقة
rodamiento (m)	maḥmal (m)	محمل
tubo (m)	umbūba (f)	أنبوبة
junta (f)	ˁazaqa (f)	عزقة
cable, hilo (m)	silk (m)	سلك
gato (m)	rāfiˁat sayyāra (f)	رافعة سيّارة
llave (f) de tuerca	miftāḥ aṣ ṣawāmīl (m)	مفتاح الصواميل
martillo (m)	miṭraqa (f)	مطرقة
bomba (f)	ṭulumba (f)	طلمبة
destornillador (m)	mifakk (m)	مفكّ
extintor (m)	miṭfaˀat ḥarīq (f)	مطفأة حريق
triángulo (m) de avería	muθallaθ taḥðīr (m)	مثلث تحذير
pararse, calarse (vr)	tawaqqaf	توقّف

| parada (f) (del motor) | tawaqquf (m) | توقف |
| estar averiado | kān maksūran | كان مكسورًا |

recalentarse (vr)	saχan bi ʃidda	سخن بشدّة
estar atascado	kān masdūdan	كان مسدودًا
congelarse (vr)	taӡammad	تجمّد
reventar (vi)	infaӡar	إنفجر

presión (f)	ḍaɣt (m)	ضغط
nivel (m)	mustawa (m)	مستوى
flojo (correa ~a)	ḍaʿīf	ضعيف

abolladura (f)	baʿӡa (f)	بعجة
ruido (m) (en el motor)	daqq (m)	دق
grieta (f)	ʃaqq (m)	شق
rozadura (f)	χadʃ (m)	خدش

151. El coche. El camino

camino (m)	ṭarīq (m)	طريق
autovía (f)	ṭarīq sarīʿ (m)	طريق سريع
carretera (f)	ṭarīq sarīʿ (m)	طريق سريع
dirección (f)	ittiӡāh (m)	إتجاه
distancia (f)	masāfa (f)	مسافة

puente (m)	ӡisr (m)	جسر
aparcamiento (m)	mawqif as sayyārāt (m)	موقف السيّارات
plaza (f)	maydān (m)	ميدان
intercambiador (m)	taqāṭuʿ ṭuruq (m)	تقاطع طرق
túnel (m)	nafaq (m)	نفق

gasolinera (f)	maḥaṭṭat banzīn (f)	محطة بنزين
aparcamiento (m)	mawqif as sayyārāt (m)	موقف السيّارات
surtidor (m)	miḍaχχat banzīn (f)	مضخّة بنزين
taller (m)	warʃat iṣlāḥ as sayyārāt (f)	ورشة إصلاح السيّارات
cargar gasolina	mala' bil wuqūd	ملأ بالوقود
combustible (m)	wuqūd (m)	وقود
bidón (m) de gasolina	ӡirikan (m)	جركن

asfalto (m)	asfalt (m)	أسفلت
señalización (f) vial	ʿalāmāt aṭ ṭarīq (pl)	علامات الطريق
bordillo (m)	ḥāffat ar raṣīf (f)	حافة الرصيف
barrera (f) de seguridad	sūr (m)	سور
cuneta (f)	qanāt (f)	قناة
borde (m) de la carretera	ḥāffat aṭ ṭarīq (f)	حافة الطريق
farola (f)	ʿamūd nūr (m)	عمود نور

conducir (vi, vt)	sāq	ساق
girar (~ a la izquierda)	inʿaṭaf	إنعطف
girar en U	istadār lil χalf	إستدار للخلف
marcha (f) atrás	ḥaraka ilal warā' (f)	حركة إلى الوراء

| tocar la bocina | zammar | زمّر |
| bocinazo (m) | ṣawt az zāmūr (m) | صوت الزامور |

atascarse (vr)	waḥil	وحل
patinar (vi)	dawwar al 'aʒala	دوّر العجلة
parar (el motor)	awqaf	أوقف
velocidad (f)	sur'a (f)	سرعة
exceder la velocidad	taʒāwaz as sur'a al quṣwa	تجاوز السرعة القصوى
multar (vt)	faraḍ ɣarāma	فرض غرامة
semáforo (m)	iʃārāt al murūr (pl)	إشارات المرور
permiso (m) de conducir	ruxṣat al qiyāda (f)	رخصة قيادة
paso (m) a nivel	ma'bar (m)	معبر
cruce (m)	taqāṭu' (m)	تقاطع
paso (m) de peatones	ma'bar al muʃāt (m)	معبر المشاة
zona (f) de peatones	makān muxaṣṣaṣ lil muʃāt (f)	مكان مخصّص للمشاة

LA GENTE. ACONTECIMIENTOS DE LA VIDA

152. Los días festivos. Los eventos

fiesta (f)	'īd (m)	عيد
fiesta (f) nacional	'īd waṭaniy (m)	عيد وطنيّ
día (m) de fiesta	yawm al 'uṭla ar rasmiyya (m)	يوم العطلة الرسمية
celebrar (vt)	iḥtafal	إحتفل
evento (m)	ḥadaθ (m)	حدث
medida (f)	munasaba (f)	مناسبة
banquete (m)	walīma (f)	وليمة
recepción (f)	ḥaflat istiqbāl (f)	حفلة إستقبال
festín (m)	walīma (f)	وليمة
aniversario (m)	ðikra sanawiyya (f)	ذكرى سنويّة
jubileo (m)	yubīl (m)	يوبيل
Año (m) Nuevo	ra's as sana (m)	رأس السنة
¡Feliz Año Nuevo!	kull sana wa anta ṭayyib!	كلّ سنة وأنت طيّب!
Papá Noel (m)	baba nuwīl (m)	بابا نويل
Navidad (f)	'īd al mīlād (m)	عيد الميلاد
¡Feliz Navidad!	'īd mīlād sa'īd!	عيد ميلاد سعيد!
árbol (m) de Navidad	ʃaʒarat ra's as sana (f)	شجرة رأس السنة
fuegos (m pl) artificiales	al'āb nāriyya (pl)	ألعاب ناريّة
boda (f)	zifāf (m)	زفاف
novio (m)	'arīs (m)	عريس
novia (f)	'arūsa (f)	عروسة
invitar (vt)	da'a	دعا
tarjeta (f) de invitación	biṭāqat da'wa (f)	بطاقة دعوة
invitado (m)	ḍayf (m)	ضيف
visitar (vt) (a los amigos)	zār	زار
recibir a los invitados	istaqbal aḍ ḍuyūf	إستقبل الضيوف
regalo (m)	hadiyya (f)	هديّة
regalar (vt)	qaddam	قدّم
recibir regalos	istalam al hadāya	إستلم الهدايا
ramo (m) de flores	bāqat zuhūr (f)	باقة زهور
felicitación (f)	tahnī'a (f)	تهنئة
felicitar (vt)	hanna'	هنّأ
tarjeta (f) de felicitación	biṭāqat tahnī'a (f)	بطاقة تهنئة
enviar una tarjeta	arsal biṭāqat tahni'a	أرسل بطاقة تهنئة
recibir una tarjeta	istalam biṭāqat tahnī'a	إستلم بطاقة تهنئة
brindis (m)	naχb (m)	نخب

| ofrecer (~ una copa) | ḍayyaf | ضيّف |
| champaña (f) | ʃambāniya (f) | شمبانيا |

divertirse (vr)	istamtaʿ	إستمتع
diversión (f)	faraḥ (m)	فرح
alegría (f) (emoción)	saʿāda (f)	سعادة

| baile (m) | rāqiṣa (f) | رقصة |
| bailar (vi, vt) | raqaṣ | رقص |

| vals (m) | vāls (m) | فالس |
| tango (m) | tāngu (m) | تانجو |

153. Los funerales. El entierro

cementerio (m)	maqbara (f)	مقبرة
tumba (f)	qabr (m)	قبر
cruz (f)	ṣalīb (m)	صليب
lápida (f)	ʃāhid al qabr (m)	شاهد القبر
verja (f)	sūr (m)	سور
capilla (f)	kanīsa saɣīra (f)	كنيسة صغيرة

muerte (f)	mawt (m)	موت
morir (vi)	māt	مات
difunto (m)	al mutawaffi (m)	المتوفّي
luto (m)	ḥidād (m)	حداد

enterrar (vt)	dafan	دفن
funeraria (f)	bayt al ʒanāzāt (m)	بيت الجنازات
entierro (m)	ʒanāza (f)	جنازة

corona (f) funeraria	iklīl (m)	إكليل
ataúd (m)	tābūt (m)	تابوت
coche (m) fúnebre	sayyārat naql al mawta (f)	سيّارة نقل الموتى
mortaja (f)	kafan (m)	كفن

cortejo (m) fúnebre	ʒanāza (f)	جنازة
urna (f) funeraria	qārūra li ḥifẓ ramād al mawta (f)	قارورة لحفظ رماد الموتى
crematorio (m)	maḥraqat ʒuθaθ al mawta (f)	محرقة جثث الموتى

necrología (f)	naʿiy (m)	نعيّ
llorar (vi)	baka	بكى
sollozar (vi)	naḥab	نحب

154. La guerra. Los soldados

sección (f)	faṣīla (f)	فصيلة
compañía (f)	sariyya (f)	سريّة
regimiento (m)	fawʒ (m)	فوج
ejército (m)	ʒayʃ (m)	جيش
división (f)	firqa (f)	فرقة

| destacamento (m) | waḥda (f) | وحدة |
| hueste (f) | ȝayʃ (m) | جيش |

| soldado (m) | ȝundiy (m) | جنديّ |
| oficial (m) | ḍābiṭ (m) | ضابط |

soldado (m) raso	ȝundiy (m)	جنديّ
sargento (m)	raqīb (m)	رقيب
teniente (m)	mulāzim (m)	ملازم
capitán (m)	naqīb (m)	نقيب
mayor (m)	rā'id (m)	رائد
coronel (m)	'aqīd (m)	عقيد
general (m)	ȝinirāl (m)	جنرال

marino (m)	baḥḥār (m)	بحّار
capitán (m)	qubṭān (m)	قبطان
contramaestre (m)	raῙs al baḥḥāra (m)	رئيس البحّارة

artillero (m)	madfa'iy (m)	مدفعيّ
paracaidista (m)	ȝundiy al maẓallāt (m)	جنديّ المظلّات
piloto (m)	ṭayyār (m)	طيّار
navegador (m)	mallāḥ (m)	ملّاح
mecánico (m)	mikanīkiy (m)	ميكانيكيّ

zapador (m)	muhandis 'askariy (m)	مهندس عسكريّ
paracaidista (m)	miẓalliy (m)	مظلّيّ
explorador (m)	mustakʃif (m)	مستكشف
francotirador (m)	qannāṣ (m)	قنّاص
patrulla (f)	dawriyya (f)	دوريّة
patrullar (vi, vt)	qām bi dawriyya	قام بدوريّة
centinela (m)	ḥāris (m)	حارس

guerrero (m)	muḥārib (m)	محارب
patriota (m)	waṭaniy (m)	وطنيّ
héroe (m)	baṭal (m)	بطل
heroína (f)	baṭala (f)	بطلة

traidor (m)	χā'in (m)	خائن
traicionar (vt)	χān	خان
desertor (m)	hārib min al ȝayʃ (m)	هارب من الجيش
desertar (vi)	harab min al ȝayʃ	هرب من الجيش

mercenario (m)	ma'ȝūr (m)	مأجور
recluta (m)	ȝundiy ȝadīd (m)	جنديّ جديد
voluntario (m)	mutaṭawwi' (m)	متطوّع

muerto (m)	qatīl (m)	قتيل
herido (m)	ȝarīḥ (m)	جريح
prisionero (m)	asīr (m)	أسير

155. La guerra. El ámbito militar. Unidad 1

| guerra (f) | ḥarb (f) | حرب |
| estar en guerra | ḥārab | حارب |

guerra (f) civil	ḥarb ahliyya (f)	حرب أهليّة
pérfidamente (adv)	ɣadran	غدرًا
declaración (f) de guerra	iʿlān ḥarb (m)	إعلان حرب
declarar (~ la guerra)	aʿlan	أعلن
agresión (f)	ʿudwān (m)	عدوان
atacar (~ a un país)	haʒam	هجم
invadir (vt)	iḥtall	إحتلَ
invasor (m)	muḥtall (m)	محتلَ
conquistador (m)	fātiḥ (m)	فاتح
defensa (f)	difāʿ (m)	دفاع
defender (vt)	dāfaʿ	دافع
defenderse (vr)	dāfaʿ ʿan nafsih	دافع عن نفسه
enemigo (m)	ʿaduww (m)	عدوَ
adversario (m)	χaṣm (m)	خصم
enemigo (adj)	ʿaduww	عدوَ
estrategia (f)	istratiʒiyya (f)	إستراتيجيّة
táctica (f)	taktīk (m)	تكتيك
orden (f)	amr (m)	أمر
comando (m)	amr (m)	أمر
ordenar (vt)	amar	أمر
misión (f)	muhimma (f)	مهمّة
secreto (adj)	sirriy	سرّيَ
batalla (f)	maʿraka (f)	معركة
combate (m)	qitāl (m)	قتال
ataque (m)	huʒūm (m)	هجوم
asalto (m)	inqiḍāḍ (m)	إنقضاض
tomar por asalto	inqaḍḍ	إنقضَ
asedio (m), sitio (m)	ḥiṣār (m)	حصار
ofensiva (f)	huʒūm (m)	هجوم
tomar la ofensiva	haʒam	هجم
retirada (f)	insiḥāb (m)	إنسحاب
retirarse (vr)	insaḥab	إنسحب
envolvimiento (m)	iḥāṭa (f)	إحاطة
cercar (vt)	aḥāṭ	أحاط
bombardeo (m)	qaṣf (m)	قصف
lanzar una bomba	asqaṭ qumbula	أسقط قنبلة
bombear (vt)	qaṣaf	قصف
explosión (f)	infiʒār (m)	إنفجار
tiro (m), disparo (m)	ṭalaqa (f)	طلقة
disparar (vi)	aṭlaq an nār	أطلق النار
tiro (m) (de artillería)	iṭlāq an nār (m)	إطلاق النار
apuntar a ...	ṣawwab	صوّب
encarar (apuntar)	ṣawwab	صوّب

142

alcanzar (el objetivo)	aṣāb al hadaf	أصاب الهدف
hundir (vt)	aɣraq	أغرق
brecha (f) (~ en el casco)	θuqb (m)	ثقب
hundirse (vr)	ɣariq	غرق

frente (m)	ʒabha (f)	جبهة
evacuación (f)	iχlā’ aṭ ṭawāri’ (m)	إخلاء الطوارئ
evacuar (vt)	aχla	أخلى

trinchera (f)	χandaq (m)	خندق
alambre (m) de púas	aslāk ʃā’ika (pl)	أسلاك شائكة
barrera (f) (~ antitanque)	ḥāʒiz (m)	حاجز
torre (f) de vigilancia	burʒ muraqaba (m)	برج مراقبة

hospital (m)	mustaʃfa ‘askariy (m)	مستشفى عسكريّ
herir (vt)	ʒaraḥ	جرح
herida (f)	ʒurḥ (m)	جرح
herido (m)	ʒarīḥ (m)	جريح
recibir una herida	uṣīb bil ʒirāḥ	أصيب بالجراح
grave (herida)	χaṭīr	خطير

156. Las armas

arma (f)	asliḥa (pl)	أسلحة
arma (f) de fuego	asliḥa nāriyya (pl)	أسلحة ناريّة
arma (f) blanca	asliḥa bayḍā’ (pl)	أسلحة بيضاء

arma (f) química	asliḥa kīmyā’iyya (pl)	أسلحة كيميائيّة
nuclear (adj)	nawawiy	نوويّ
arma (f) nuclear	asliḥa nawawiyya (pl)	أسلحة نوويّة

| bomba (f) | qumbula (f) | قنبلة |
| bomba (f) atómica | qumbula nawawiyya (f) | قنبلة نوويّة |

pistola (f)	musaddas (m)	مسدّس
fusil (m)	bunduqiyya (f)	بندقيّة
metralleta (f)	bunduqiyya huʒūmiyya (f)	بندقيّة هجوميّة
ametralladora (f)	raʃʃāʃ (m)	رشّاش

boca (f)	fūha (f)	فوهة
cañón (m) (del arma)	sabṭāna (f)	سبطانة
calibre (m)	‘iyār (m)	عيار

gatillo (m)	zinād (m)	زناد
alza (f)	muṣawwib (m)	مصوّب
cargador (m)	maχzan (m)	مخزن
culata (f)	‘aqab al bunduqiyya (m)	عقب البندقيّة

| granada (f) de mano | qumbula yadawiyya (f) | قنبلة يدويّة |
| explosivo (m) | mawādd mutafaʒʒira (pl) | موادّ متفجّرة |

bala (f)	ruṣāṣa (f)	رصاصة
cartucho (m)	χarṭūʃa (f)	خرطوشة
carga (f)	haʃwa (f)	حشوة

pertrechos (m pl)	ðaχā'ir (pl)	ذخائر
bombardero (m)	qāðifat qanābil (f)	قاذفة قنابل
avión (m) de caza	ṭā'ira muqātila (f)	طائرة مقاتلة
helicóptero (m)	hiliukūbtir (m)	هليكوبتر

antiaéreo (m)	madfaθ muḍādd liṭ ṭa'irāṭ (m)	مدفع مضادً للطائرات
tanque (m)	dabbāba (f)	دبّابة
cañón (m) (de un tanque)	madfaʿ ad dabbāba (m)	مدفع الدبّابة

artillería (f)	madfaʿiyya (f)	مدفعيّة
cañón (m) (arma)	madfaʿ (m)	مدفع
dirigir (un misil, etc.)	ṣawwab	صوّب

mortero (m)	hāwun (m)	هاون
bomba (f) de mortero	qumbula hāwun (f)	قنبلة هاون
obús (m)	qaðīfa (f)	قذيفة
trozo (m) de obús	ʃaẓiyya (f)	شظيّة

submarino (m)	ɣawwāṣa (f)	غوّاصة
torpedo (m)	ṭurbīd (m)	طوربيد
misil (m)	ṣārūχ (m)	صاروخ

cargar (pistola)	ḥaʃa	حشا
tirar (vi)	aṭlaq an nār	أطلق النار
apuntar a …	ṣawwab	صوّب
bayoneta (f)	ḥarba (f)	حربة

espada (f) (duelo a ~)	ʃiʃ (m)	شيش
sable (m)	sayf munḥani (m)	سيف منحن
lanza (f)	rumḥ (m)	رمح
arco (m)	qaws (m)	قوس
flecha (f)	sahm (m)	سهم
mosquete (m)	muskīt (m)	مسكيت
ballesta (f)	qaws mustaʿraḍ (m)	قوس مستعرض

157. Los pueblos antiguos

primitivo (adj)	bidā'iy	بدائيّ
prehistórico (adj)	ma qabl at tarīχ	ما قبل التاريخ
antiguo (adj)	qadīm	قديم

Edad (f) de Piedra	al ʿaṣr al ḥaẓariy (m)	العصر الحجريّ
Edad (f) de Bronce	al ʿaṣr al brunziy (m)	العصر البرونزيّ
Edad (f) de Hielo	al ʿaṣr al ʒalīdiy (m)	العصر الجليديّ

tribu (f)	qabīla (f)	قبيلة
caníbal (m)	'ākil laḥm al baʃar (m)	آكل لحم البشر
cazador (m)	ṣayyād (m)	صيّاد
cazar (vi, vt)	iṣṭād	إصطاد
mamut (m)	mamūθ (m)	ماموث

caverna (f)	kahf (m)	كهف
fuego (m)	nār (f)	نار
hoguera (f)	nār muχayyam (m)	نار مخيَّم

pintura (f) rupestre	rasm fil kahf (m)	رسم في الكهف
herramienta (f), útil (m)	adāt (f)	أداة
lanza (f)	rumḥ (m)	رمح
hacha (f) de piedra	fa's ḥaȝariy (m)	فأس حجريّ
estar en guerra	ḥārab	حارب
domesticar (vt)	daȝȝan	دجّن

ídolo (m)	ṣanam (m)	صنم
adorar (vt)	'abad	عبد
superstición (f)	ȟurāfa (f)	خرافة
rito (m)	mansak (m)	منسك

evolución (f)	taṭawwur (m)	تطوّر
desarrollo (m)	numuww (m)	نموّ
desaparición (f)	iȟtifā' (m)	إختفاء
adaptarse (vr)	takayyaf	تكيّف

arqueología (f)	'ilm al 'āθār (m)	علم الآثار
arqueólogo (m)	'ālim 'āθār (m)	عالِم آثار
arqueológico (adj)	aθariy	أثريّ

sitio (m) de excavación	mawqi' ḥafr (m)	موقع حفر
excavaciones (f pl)	tanqīb (m)	تنقيب
hallazgo (m)	iktiʃāf (m)	إكتشاف
fragmento (m)	qiṭ'a (f)	قطعة

158. La Edad Media

pueblo (m)	ʃa'b (m)	شعب
pueblos (m pl)	ʃu'ūb (pl)	شعوب
tribu (f)	qabīla (f)	قبيلة
tribus (f pl)	qabā'il (pl)	قبائل

bárbaros (m pl)	al barābira (pl)	البرابرة
galos (m pl)	al ɣalyūn (pl)	الغاليون
godos (m pl)	al qūṭiyyūn (pl)	القوطيّون
eslavos (m pl)	as silāf (pl)	السلاف
vikingos (m pl)	al vaykinɣ (pl)	الفايكينغ

| romanos (m pl) | ar rūmān (pl) | الرومان |
| romano (adj) | rumāniy | رومانيّ |

bizantinos (m pl)	bizanṭiyyūn (pl)	بيزنطيّون
Bizancio (m)	bīzanṭa (f)	بيزنطة
bizantino (adj)	bizanṭiy	بيزنطيّ

emperador (m)	imbiraṭūr (m)	إمبراطور
jefe (m)	za'īm (m)	زعيم
poderoso (adj)	qawiy	قويّ
rey (m)	malik (m)	ملك
gobernador (m)	ḥākim (m)	حاكم

| caballero (m) | fāris (m) | فارس |
| señor (m) feudal | iqṭā'iy (m) | إقطاعيّ |

| feudal (adj) | iqṭā'iy | إقطاعيّ |
| vasallo (m) | muqṭa' (m) | مقطع |

duque (m)	dūq (m)	دوق
conde (m)	īrl (m)	إيرل
barón (m)	barūn (m)	بارون
obispo (m)	usquf (m)	أسقف

armadura (f)	dir' (m)	درع
escudo (m)	turs (m)	ترس
espada (f) (danza de ~s)	sayf (m)	سيف
visera (f)	ḥāffa amāmiyya lil χūða (f)	حافّة أماميّة للخوذة
cota (f) de malla	dir' az zarad (m)	درع الزرد

| cruzada (f) | ḥamla ṣalībiyya (f) | حملة صليبيّة |
| cruzado (m) | ṣalībiy (m) | صليبيّ |

territorio (m)	arḍ (f)	أرض
atacar (~ a un país)	haʒam	هجم
conquistar (vt)	fataḥ	فتح
ocupar (invadir)	iḥtall	إحتلّ

asedio (m), sitio (m)	ḥiṣār (m)	حصار
sitiado (adj)	muḥāṣar	محاصر
asediar, sitiar (vt)	ḥāṣar	حاصر

inquisición (f)	maḥākim at taftīʃ (pl)	محاكم التفتيش
inquisidor (m)	mufattiʃ (m)	مفتّش
tortura (f)	ta'ðīb (m)	تعذيب
cruel (adj)	qās	قاس
hereje (m)	harṭūqiy (m)	هرطوقيّ
herejía (f)	harṭaqa (f)	هرطقة

navegación (f) marítima	as safar bil baḥr (m)	السفر بالبحر
pirata (m)	qurṣān (m)	قرصان
piratería (f)	qarṣana (f)	قرصنة
abordaje (m)	muhāʒmat safīna (f)	مهاجمة سفينة
botín (m)	ɣanīma (f)	غنيمة
tesoros (m pl)	kunūz (pl)	كنوز

descubrimiento (m)	iktiʃāf (m)	إكتشاف
descubrir (tierras nuevas)	iktaʃaf	إكتشف
expedición (f)	ba'θa (f)	بعثة

mosquetero (m)	fāris (m)	فارس
cardenal (m)	kardināl (m)	كاردينال
heráldica (f)	ʃi'ārāt an nabāla (pl)	شعارات النبالة
heráldico (adj)	χāṣṣ bi ʃi'ārāt an nabāla	خاصّ بشعارات النبالة

159. El líder. El jefe. Las autoridades

rey (m)	malik (m)	ملك
reina (f)	malika (f)	ملكة
real (adj)	malakiy	ملكيّ

reino (m)	mamlaka (f)	مملكة
príncipe (m)	amīr (m)	أمير
princesa (f)	amīra (f)	أميرة
presidente (m)	raīs (m)	رئيس
vicepresidente (m)	nā'ib ar raīs (m)	نائب الرئيس
senador (m)	'uḍw maʒlis aʃ ʃuyūχ (m)	عضو مجلس الشيوخ
monarca (m)	'āhil (m)	عاهل
gobernador (m)	ḥākim (m)	حاكم
dictador (m)	diktatūr (m)	ديكتاتور
tirano (m)	ṭāɣiya (f)	طاغية
magnate (m)	ra'smāliy kabīr (m)	رأسمالي كبير
director (m)	mudīr (m)	مدير
jefe (m)	raīs (m)	رئيس
gerente (m)	mudīr (m)	مدير
amo (m)	raīs (m), mudīr (m)	رئيس, مدير
dueño (m)	ṣāḥib (m)	صاحب
jefe (m), líder (m)	zaīm (m)	زعيم
jefe (m) (~ de delegación)	raīs (m)	رئيس
autoridades (f pl)	suluṭāt (pl)	سلطات
superiores (m pl)	ru'asā' (pl)	رؤساء
gobernador (m)	muḥāfiẓ (m)	محافظ
cónsul (m)	qunṣul (m)	قنصل
diplomático (m)	diblumāsiy (m)	دبلوماسيّ
alcalde (m)	raīs al baladiyya (m)	رئيس البلديّة
sheriff (m)	ʃarīf (m)	شريف
emperador (m)	imbiratūr (m)	إمبراطور
zar (m)	qayṣar (m)	قيصر
faraón (m)	fir'awn (m)	فرعون
jan (m), kan (m)	χān (m)	خان

160. Violar la ley. Los criminales. Unidad 1

bandido (m)	qāṭi' ṭarīq (m)	قاطع طريق
crimen (m)	ʒarīma (f)	جريمة
criminal (m)	muʒrim (m)	مجرم
ladrón (m)	sāriq (m)	سارق
robar (vt)	saraq	سرق
robo (m)	sirqa (f)	سرقة
secuestrar (vt)	χaṭaf	خطف
secuestro (m)	χaṭf (m)	خطف
secuestrador (m)	χāṭif (m)	خاطف
rescate (m)	fidya (f)	فدية
exigir un rescate	ṭalab fidya	طلب فدية
robar (vt)	nahab	نهب
robo (m)	nahb (m)	نهب

atracador (m)	nahhāb (m)	نهّاب
extorsionar (vt)	balṭaʒ	بلطج
extorsionista (m)	balṭaʒiy (m)	بلطجي
extorsión (f)	balṭaʒa (f)	بلطجة

matar, asesinar (vt)	qatal	قتل
asesinato (m)	qatl (m)	قتل
asesino (m)	qātil (m)	قاتل

tiro (m), disparo (m)	ṭalaqat nār (f)	طلقة نار
disparar (vi)	aṭlaq an nār	أطلق النار
matar (a tiros)	qatal bir ruṣāṣ	قتل بالرصاص
tirar (vi)	aṭlaq an nār	أطلق النار
tiroteo (m)	iṭlāq an nār (m)	إطلاق النار

incidente (m)	ḥādiθ (m)	حادث
pelea (f)	ʿirāk (m)	عراك
¡Socorro!	sāʿidni	ساعدني!
víctima (f)	ḍaḥiyya (f)	ضحيّة
perjudicar (vt)	atlaf	أتلف
daño (m)	χasāra (f)	خسارة
cadáver (m)	ʒuθθa (f)	جئة
grave (un delito ~)	ʿanīf	عنيف

atacar (vt)	haʒam	هجم
pegar (golpear)	ḍarab	ضرب
apporear (vt)	ḍarab	ضرب
quitar (robar)	salab	سلب
acuchillar (vt)	ṭaʿan ḥatta al mawt	طعن حتّى الموت
mutilar (vt)	ʃawwah	شوّه
herir (vt)	ʒaraḥ	جرح

chantaje (m)	balṭaʒa (f)	بلطجة
hacer chantaje	ibtazz	إبتزّ
chantajista (m)	mubtazz (m)	مبتزّ

extorsión (f)	naṣb (m)	نصب
extorsionador (m)	naṣṣāb (m)	نصّاب
gángster (m)	raʒul ʿiṣāba (m)	رجل عصابة
mafia (f)	māfia (f)	مافيا

carterista (m)	naʃʃāl (m)	نشّال
ladrón (m) de viviendas	liṣṣ buyūt (m)	لصّ بيوت
contrabandismo (m)	tahrīb (m)	تهريب
contrabandista (m)	muharrib (m)	مهرّب

falsificación (f)	tazwīr (m)	تزوير
falsificar (vt)	zawwar	زوّر
falso (falsificado)	muzawwar	مزوّر

161. Violar la ley. Los criminales. Unidad 2

violación (f)	iχtiṣāb (m)	إغتصاب
violar (vt)	iχtaṣab	إغتصب

| violador (m) | muɣtaṣib (m) | مغتصب |
| maniaco (m) | mahwūs (m) | مهووس |

prostituta (f)	'āhira (f)	عاهرة
prostitución (f)	da'āra (f)	دعارة
chulo (m), proxeneta (m)	qawwād (m)	قوّاد

| drogadicto (m) | mudmin muχaddirāt (m) | مدمن مخدّرات |
| narcotraficante (m) | tāʒir muχaddirāt (m) | تاجر مخدّرات |

hacer explotar	faʒʒar	فجّر
explosión (f)	infiʒār (m)	إنفجار
incendiar (vt)	aʃʕal an nār	أشعل النار
incendiario (m)	muʃʕil ḥarīq (m)	مشعل حريق

terrorismo (m)	irhāb (m)	إرهاب
terrorista (m)	irhābiy (m)	إرهابيّ
rehén (m)	rahīna (m)	رهينة

estafar (vt)	iḥtāl	إحتال
estafa (f)	iḥtiyāl (m)	إحتيال
estafador (m)	muḥtāl (m)	محتال

sobornar (vt)	raʃa	رشا
soborno (m) (delito)	irtiʃā' (m)	إرتشاء
soborno (m) (dinero, etc.)	raʃwa (f)	رشوة

veneno (m)	samm (m)	سمّ
envenenar (vt)	sammam	سمّم
envenenarse (vr)	sammam nafsahu	سمّم نفسه

| suicidio (m) | intiḥār (m) | إنتحار |
| suicida (m, f) | muntaḥir (m) | منتحر |

amenazar (vt)	haddad	هدّد
amenaza (f)	tahdīd (m)	تهديد
atentar (vi)	ḥāwal iɣtiyāl	حاول الإغتيال
atentado (m)	muḥāwalat iɣtiyāl (f)	محاولة إغتيال

| robar (un coche) | saraq | سرق |
| secuestrar (un avión) | iχtaṭaf | إختطف |

| venganza (f) | intiqām (m) | إنتقام |
| vengar (vt) | intaqam | إنتقم |

torturar (vt)	'aððab	عذّب
tortura (f)	ta'ðīb (m)	تعذيب
atormentar (vt)	'aððab	عذّب

pirata (m)	qurṣān (m)	قرصان
gamberro (m)	wabaʃ (m)	وبش
armado (adj)	musallaḥ	مسلّح
violencia (f)	'unf (m)	عنف
ilegal (adj)	ɣayr qānūniy	غير قانونيّ
espionaje (m)	taʒassas (m)	تجسّس
espiar (vi, vt)	taʒassas	تجسّس

162. La policía. La ley. Unidad 1

justicia (f)	qaḍā' (m)	قضاء
tribunal (m)	maḥkama (f)	محكمة
juez (m)	qāḍi (m)	قاض
jurados (m pl)	muḥallafūn (pl)	محلفون
tribunal (m) de jurados	qaḍā' al muḥallafīn (m)	قضاء المحلفين
juzgar (vt)	ḥakam	حكم
abogado (m)	muḥāmi (m)	محام
acusado (m)	mudda'a 'alayh (m)	مدعى عليه
banquillo (m) de los acusados	qafṣ al ittihām (m)	قفص الإتهام
inculpación (f)	ittihām (m)	إتهام
inculpado (m)	muttaham (m)	متهم
sentencia (f)	ḥukm (m)	حكم
sentenciar (vt)	ḥakam	حكم
culpable (m)	muðnib (m)	مذنب
castigar (vt)	'āqab	عاقب
castigo (m)	'uqūba (f), 'iqāb (m)	عقوبة، عقاب
multa (f)	ɣarāma (f)	غرامة
cadena (f) perpetua	siʒn mada al ḥayāt (m)	سجن مدى الحياة
pena (f) de muerte	'uqūbat 'i'dām (f)	عقوبة إعدام
silla (f) eléctrica	kursiy kaharabā'iy (m)	كرسي كهربائي
horca (f)	maʃnaqa (f)	مشنقة
ejecutar (vt)	a'dam	أعدم
ejecución (f)	i'dām (m)	إعدام
prisión (f)	siʒn (m)	سجن
celda (f)	zinzāna (f)	زنزانة
escolta (f)	ḥirāsa (f)	حراسة
guardia (m) de prisiones	ḥāris siʒn (m)	حارس سجن
prisionero (m)	saʒīn (m)	سجين
esposas (f pl)	aṣfād (pl)	أصفاد
esposar (vt)	ṣaffad	صفّد
escape (m)	hurūb min as siʒn (m)	هروب من السجن
escaparse (vr)	harab	هرب
desaparecer (vi)	iχtafa	إختفى
liberar (vt)	aχla sabīl	أخلى سبيل
amnistía (f)	'afw 'āmm (m)	عفو عام
policía (f) (~ nacional)	ʃurṭa (f)	شرطة
policía (m)	ʃurṭiy (m)	شرطي
comisaría (f) de policía	qism ʃurṭa (m)	قسم شرطة
porra (f)	hirāwat aʃ ʃurṭiy (f)	هراوة الشرطي
megáfono (m)	būq (m)	بوق
coche (m) patrulla	sayyārat dawrīyyāt (f)	سيارة دوريّات

sirena (f)	ṣaffārat inðār (f)	صفّارة إنذار
poner la sirena	aṭlaq sirīna	أطلق سرينة
sonido (m) de sirena	ṣawt sirīna (m)	صوت سرينة

escena (f) del delito	masraḥ al ʒarīma (m)	مسرح الجريمة
testigo (m)	ʃāhid (m)	شاهد
libertad (f)	ḥurriyya (f)	حرّية
cómplice (m)	ʃarīk fil ʒarīma (m)	شريك في الجريمة
escapar de …	harab	هرب
rastro (m)	aθar (m)	أثر

163. La policía. La ley. Unidad 2

búsqueda (f)	baḥθ (m)	بحث
buscar (~ el criminal)	baḥaθ	بحث
sospecha (f)	ʃubha (f)	شبهة
sospechoso (adj)	maʃbūh	مشبوه
parar (~ en la calle)	awqaf	أوقف
retener (vt)	iʿtaqal	إعتقل

causa (f) (~ penal)	qaḍiyya (f)	قضيّة
investigación (f)	taḥqīq (m)	تحقيق
detective (m)	muḥaqqiq (m)	محقّق
investigador (m)	mufattiʃ (m)	مفتّش
versión (f)	riwāya (f)	رواية

motivo (m)	dāfiʿ (m)	دافع
interrogatorio (m)	istiʒwāb (m)	إستجواب
interrogar (vt)	istaʒwab	إستجوب
interrogar (al testigo)	istanṭaq	إستنطق
control (m) (de vehículos, etc.)	faḥṣ (m)	فحص

redada (f)	ʒamʿ (m)	جمع
registro (m) (~ de la casa)	taftīʃ (m)	تفتيش
persecución (f)	muṭārada (f)	مطاردة
perseguir (vt)	ṭārad	طارد
rastrear (~ al criminal)	tābaʿ	تابع

arresto (m)	iʿtiqāl (m)	إعتقال
arrestar (vt)	iʿtaqal	إعتقل
capturar (vt)	qabaḍ	قبض
captura (f)	qabḍ (m)	قبض

documento (m)	waθīqa (f)	وثيقة
prueba (f)	dalīl (m)	دليل
probar (vt)	aθbat	أثبت
huella (f) (pisada)	baṣma (f)	بصمة
huellas (f pl) digitales	baṣamāt al aṣābiʿ (pl)	بصمات الأصابع
elemento (m) de prueba	dalīl (m)	دليل

coartada (f)	dafʿ bil ɣayba (f)	دفع بالغيبة
inocente (no culpable)	barīʾ	بريء
injusticia (f)	ẓulm (m)	ظلم
injusto (adj)	ɣayr ʿādil	غير عادل

criminal (adj)	iȝrāmiy	إجرامي
confiscar (vt)	ṣādar	صادر
narcótico (m)	muxaddirāt (pl)	مخدّرات
arma (f)	silāḥ (m)	سلاح
desarmar (vt)	ȝarrad min as silāḥ	جرّد من السلاح
ordenar (vt)	amar	أمر
desaparecer (vi)	ixtafa	إختفى

ley (f)	qānūn (m)	قانون
legal (adj)	qānūniy, ʃarʿiy	قانوني، شرعي
ilegal (adj)	ɣayr qanūny, ɣayr ʃarʿi	غير قانوني، غير شرعي

| responsabilidad (f) | masʾūliyya (f) | مسؤوليّة |
| responsable (adj) | masʾūl (m) | مسؤول |

LA NATURALEZA

La tierra. Unidad 1

164. El espacio

cosmos (m)	faḍā' (m)	فضاء
espacial, cósmico (adj)	faḍā'iy	فضائيّ
espacio (m) cósmico	faḍā' (m)	فضاء
mundo (m)	'ālam (m)	عالم
universo (m)	al kawn (m)	الكون
galaxia (f)	al maȝarra (f)	المجرّة

estrella (f)	naȝm (m)	نجم
constelación (f)	burȝ (m)	برج
planeta (m)	kawkab (m)	كوكب
satélite (m)	qamar ṣinā'iy (m)	قمر صناعيّ

meteorito (m)	ḥaȝar nayzakiy (m)	حجر نيزكيّ
cometa (m)	muðannab (m)	مذنّب
asteroide (m)	kuwaykib (m)	كويكب

órbita (f)	madār (m)	مدار
girar (vi)	dār	دار
atmósfera (f)	al ɣilāf al ȝawwiy (m)	الغلاف الجويّ

Sol (m)	aʃ ʃams (f)	الشمس
sistema (m) solar	al maȝmū'a aʃ ʃamsiyya (f)	المجموعة الشمسيّة
eclipse (m) de Sol	kusūf aʃ ʃams (m)	كسوف الشمس

| Tierra (f) | al arḍ (f) | الأرض |
| Luna (f) | al qamar (m) | القمر |

Marte (m)	al mirrīχ (m)	المرّيخ
Venus (f)	az zahra (f)	الزهرة
Júpiter (m)	al muʃtari (m)	المشتري
Saturno (m)	zuḥal (m)	زحل

Mercurio (m)	'aṭārid (m)	عطارد
Urano (m)	urānus (m)	اورانوس
Neptuno (m)	nibtūn (m)	نبتون
Plutón (m)	blūtu (m)	بلوتو

la Vía Láctea	darb at tabbāna (m)	درب التبّانة
la Osa Mayor	ad dubb al akbar (m)	الدبّ الأكبر
la Estrella Polar	naȝm al 'quṭb (m)	نجم القطب

| marciano (m) | sākin al mirrīχ (m) | ساكن المرّيخ |
| extraterrestre (m) | faḍā'iy (m) | فضائيّ |

| planetícola (m) | faḍā'iy (m) | فضائيّ |
| platillo (m) volante | ṭabaq ṭā'ir (m) | طبق طائر |

nave (f) espacial	markaba faḍā'iyya (f)	مركبة فضائيّة
estación (f) orbital	maḥaṭṭat faḍā' (f)	محطّة فضاء
despegue (m)	inṭilāq (m)	إنطلاق

motor (m)	mutūr (m)	موتور
tobera (f)	manfaθ (m)	منفث
combustible (m)	wuqūd (m)	وقود

carlinga (f)	kabīna (f)	كابينة
antena (f)	hawā'iy (m)	هوائيّ
ventana (f)	kuwwa mustadīra (f)	كوّة مستديرة
batería (f) solar	lawḥ ʃamsiy (m)	لوح شمسيّ
escafandra (f)	baðlat al faḍā' (f)	بذلة الفضاء

| ingravidez (f) | in'idām al wazn (m) | إنعدام الوزن |
| oxígeno (m) | uksiʒīn (m) | أكسجين |

| atraque (m) | rasw (m) | رسو |
| realizar el atraque | rasa | رسا |

observatorio (m)	marṣad (m)	مرصد
telescopio (m)	tiliskūp (m)	تلسكوب
observar (vt)	rāqab	راقب
explorar (~ el universo)	istakʃaf	إستكشف

165. La tierra

Tierra (f)	al arḍ (f)	الأرض
globo (m) terrestre	al kura al arḍiyya (f)	الكرة الأرضيّة
planeta (m)	kawkab (m)	كوكب

atmósfera (f)	al ɣilāf al ʒawwiy (m)	الغلاف الجوّيّ
geografía (f)	ʒuɣrāfiya (f)	جغرافيا
naturaleza (f)	ṭabī'a (f)	طبيعة

globo (m) terráqueo	namūðaʒ lil kura al arḍiyya (m)	نموذج للكرة الأرضيّة
mapa (m)	xarīṭa (f)	خريطة
atlas (m)	aṭlas (m)	أطلس

| Europa (f) | urūbba (f) | أوروبّا |
| Asia (f) | 'āsiya (f) | آسيا |

| África (f) | afrīqiya (f) | أفريقيا |
| Australia (f) | usturāliya (f) | أستراليا |

América (f)	amrīka (f)	أمريكا
América (f) del Norte	amrīka aʃ ʃimāliyya (f)	أمريكا الشماليّة
América (f) del Sur	amrīka al ʒanūbiyya (f)	أمريكا الجنوبيّة

| Antártida (f) | al quṭb al ʒanūbiy (m) | القطب الجنوبيّ |
| Ártico (m) | al quṭb aʃ ʃimāliy (m) | القطب الشماليّ |

166. Los puntos cardinales

norte (m)	ʃimāl (m)	شمال
al norte	ilaʃ ʃimāl	إلى الشمال
en el norte	fiʃ ʃimāl	في الشمال
del norte (adj)	ʃimāliy	شماليّ

sur (m)	ʒanūb (m)	جنوب
al sur	ilal ʒanūb	إلى الجنوب
en el sur	fil ʒanūb	في الجنوب
del sur (adj)	ʒanūbiy	جنوبي

oeste (m)	ɣarb (m)	غرب
al oeste	ilal ɣarb	إلى الغرب
en el oeste	fil ɣarb	في الغرب
del oeste (adj)	ɣarbiy	غربي

este (m)	ʃarq (m)	شرق
al este	ilaʃ ʃarq	إلى الشرق
en el este	fiʃ ʃarq	في الشرق
del este (adj)	ʃarqiy	شرقيّ

167. El mar. El océano

mar (m)	baḥr (m)	بحر
océano (m)	muḥīṭ (m)	محيط
golfo (m)	χalīʒ (m)	خليج
estrecho (m)	maḍīq (m)	مضيق

tierra (f) firme	barr (m)	برّ
continente (m)	qārra (f)	قارّة
isla (f)	ʒazīra (f)	جزيرة
península (f)	ʃibh ʒazīra (f)	شبه جزيرة
archipiélago (m)	maʒmūʿat ʒuzur (f)	مجموعة جزر

bahía (f)	χalīʒ (m)	خليج
ensenada, bahía (f)	mīnā' (m)	ميناء
laguna (f)	buḥayra ʃāṭi'a (f)	بحيرة شاطئة
cabo (m)	ra's (m)	رأس

atolón (m)	ʒazīra marʒāniyya istiwā'iyya (f)	جزيرة مرجانيّة إستوائيّة
arrecife (m)	ʃiʿāb (pl)	شعاب
coral (m)	murʒān (m)	مرجان
arrecife (m) de coral	ʃiʿāb marʒāniyya (pl)	شعاب مرجانيّة

profundo (adj)	ʿamīq	عميق
profundidad (f)	ʿumq (m)	عمق
abismo (m)	mahwāt (f)	مهواة
fosa (f) oceánica	χandaq (m)	خندق

| corriente (f) | tayyār (m) | تيّار |
| bañar (rodear) | aḥāṭ | أحاط |

| orilla (f) | sāḥil (m) | ساحل |
| costa (f) | sāḥil (m) | ساحل |

flujo (m)	madd (m)	مدّ
reflujo (m)	ӡazr (m)	جزر
banco (m) de arena	miyāh ḍaḥla (f)	مياه ضحلة
fondo (m)	qāʿ (m)	قاع

ola (f)	mawӡa (f)	موجة
cresta (f) de la ola	qimmat mawӡa (f)	قمّة موجة
espuma (f)	zabad al baḥr (m)	زبد البحر

tempestad (f)	ʿāṣifa (f)	عاصفة
huracán (m)	iʿṣār (m)	إعصار
tsunami (m)	tsunāmi (m)	تسونامي
bonanza (f)	hudūʾ (m)	هدوء
calmo, tranquilo	hādiʾ	هادئ

| polo (m) | quṭb (m) | قطب |
| polar (adj) | quṭby | قطبيّ |

latitud (f)	ʿarḍ (m)	عرض
longitud (f)	ṭūl (m)	طول
paralelo (m)	mutawāzi (m)	متواز
ecuador (m)	χaṭṭ al istiwāʾ (m)	خط الإستواء

cielo (m)	samāʾ (f)	سماء
horizonte (m)	ufuq (m)	أفق
aire (m)	hawāʾ (m)	هواء

faro (m)	manāra (f)	منارة
bucear (vi)	ɣāṣ	غاص
hundirse (vr)	ɣariq	غرق
tesoros (m pl)	kunūz (pl)	كنوز

168. Las montañas

montaña (f)	ӡabal (m)	جبل
cadena (f) de montañas	silsilat ӡibāl (f)	سلسلة جبال
cresta (f) de montañas	qimam ӡabaliyya (pl)	قمم جبليّة

cima (f)	qimma (f)	قمّة
pico (m)	qimma (f)	قمّة
pie (m)	asfal (m)	أسفل
cuesta (f)	munḥadar (m)	منحدر

volcán (m)	burkān (m)	بركان
volcán (m) activo	burkān naʃiṭ (m)	بركان نشط
volcán (m) apagado	burkān χāmid (m)	بركان خامد

erupción (f)	θawrān (m)	ثوران
cráter (m)	fūhat al burkān (f)	فوهة البركان
magma (m)	māɣma (f)	ماغما
lava (f)	ḥumam burkāniyya (pl)	حمم بركانيّة

fundido (lava ~a)	munṣahira	منصهرة
cañón (m)	tal'a (m)	تلعة
desfiladero (m)	wādi ḍayyiq (m)	واد ضيّق
grieta (f)	ʃaqq (m)	شقّ
precipicio (m)	hāwiya (f)	هاوية

puerto (m) (paso)	mamarr ʒabaliy (m)	ممرّ جبليّ
meseta (f)	haḍba (f)	هضبة
roca (f)	ʒurf (m)	جرف
colina (f)	tall (m)	تلّ

glaciar (m)	nahr ʒalīdiy (m)	نهر جليديّ
cascada (f)	ʃallāl (m)	شلّال
geiser (m)	fawwāra ḥārra (m)	فوّارة حارّة
lago (m)	buḥayra (f)	بحيرة

llanura (f)	sahl (m)	سهل
paisaje (m)	manẓar ṭabīʿiy (m)	منظر طبيعيّ
eco (m)	ṣada (m)	صدى

alpinista (m)	mutasalliq al ʒibāl (m)	متسلّق الجبال
escalador (m)	mutasalliq ṣuxūr (m)	متسلّق صخور
conquistar (vt)	taɣallab 'ala	تغلّب على
ascensión (f)	tasalluq (m)	تسلّق

169. Los ríos

río (m)	nahr (m)	نهر
manantial (m)	'ayn (m)	عين
lecho (m) (curso de agua)	maʒra an nahr (m)	مجرى النهر
cuenca (f) fluvial	ḥawḍ (m)	حوض
desembocar en ...	ṣabb fi ...	صبّ في...

| afluente (m) | rāfid (m) | رافد |
| ribera (f) | ḍiffa (f) | ضفّة |

corriente (f)	tayyār (m)	تيّار
río abajo (adv)	f ittiʒāh maʒra an nahr	في إتجاه مجرى النهر
río arriba (adv)	ḍidd at tayyār	ضد التيّار

inundación (f)	ɣamr (m)	غمر
riada (f)	fayaḍān (m)	فيضان
desbordarse (vr)	fāḍ	فاض
inundar (vt)	ɣamar	غمر

| bajo (m) arenoso | miyāh ḍaḥla (f) | مياه ضحلة |
| rápido (m) | munḥadar an nahr (m) | منحدر النهر |

presa (f)	sadd (m)	سدّ
canal (m)	qanāt (f)	قناة
lago (m) artificiale	xazzān māʾiy (m)	خزّان مائيّ
esclusa (f)	hawīs (m)	هويس
cuerpo (m) de agua	masṭaḥ māʾiy (m)	مسطح مائيّ
pantano (m)	mustanqaʿ (m)	مستنقع

ciénaga (f)	mustanqaʿ (m)	مستنقع
remolino (m)	dawwāma (f)	دوّامة
arroyo (m)	ʒadwal māʾiy (m)	جدول مائيّ
potable (adj)	aʃ ʃurb	الشرب
dulce (agua ~)	ʿaðb	عذب
hielo (m)	ʒalīd (m)	جليد
helarse (el lago, etc.)	taʒammad	تجمد

170. El bosque

bosque (m)	ɣāba (f)	غابة
de bosque (adj)	ɣāba	غابة
espesura (f)	ɣāba kaθīfa (f)	غابة كثيفة
bosquecillo (m)	ɣāba ṣaɣīra (f)	غابة صغيرة
claro (m)	minṭaqa uzīlat minha al aʃʒār (f)	منطقة أزيلت منها الأشجار
maleza (f)	aʒama (f)	أجمة
matorral (m)	ʃuʒayrāt (pl)	شجيرات
senda (f)	mamarr (m)	ممرّ
barranco (m)	wādi ḍayyiq (m)	واد ضيّق
árbol (m)	ʃaʒara (f)	شجرة
hoja (f)	waraqa (f)	ورقة
follaje (m)	waraq (m)	ورق
caída (f) de hojas	tasāquṭ al awrāq (m)	تساقط الأوراق
caer (las hojas)	saqaṭ	سقط
cima (f)	raʾs (m)	رأس
rama (f)	ɣuṣn (m)	غصن
rama (f) (gruesa)	ɣuṣn (m)	غصن
brote (m)	burʿum (m)	برعم
aguja (f)	ʃawka (f)	شوكة
piña (f)	kūz aṣ ṣanawbar (m)	كوز الصنوبر
agujero (m)	ʒawf (m)	جوف
nido (m)	ʿuʃʃ (m)	عشّ
tronco (m)	ʒiðʿ (m)	جذع
raíz (f)	ʒiðr (m)	جذر
corteza (f)	liḥāʾ (m)	لحاء
musgo (m)	ṭuḥlub (m)	طحلب
extirpar (vt)	iqtalaʿ	إقتلع
talar (vt)	qaṭaʿ	قطع
deforestar (vt)	azāl al ɣābāt	أزال الغابات
tocón (m)	ʒiðʿ aʃ ʃaʒara (m)	جذع الشجرة
hoguera (f)	nār muxayyam (m)	نار مخيّم
incendio (m) forestal	ḥarīq ɣāba (m)	حريق غابة

apagar (~ el incendio)	aṭfa'	أطفأ
guarda (m) forestal	ḥāris al ɣāba (m)	حارس الغابة
protección (f)	ḥimāya (f)	حماية
proteger (vt)	ḥama	حمى
cazador (m) furtivo	sāriq aṣ ṣayd (m)	سارق الصيد
cepo (m)	maṣyada (f)	مصيدة

| recoger (setas, bayas) | ȝamaʿ | جمع |
| perderse (vr) | tāh | تاه |

171. Los recursos naturales

recursos (m pl) naturales	θarawāt ṭabīʿiyya (pl)	ثروات طبيعيّة
recursos (m pl) subterráneos	maʿādin (pl)	معادن
depósitos (m pl)	makāmin (pl)	مكامن
yacimiento (m)	ḥaql (m)	حقل

extraer (vt)	istaxraȝ	إستخرج
extracción (f)	istixrāȝ (m)	إستخراج
mena (f)	xām (m)	خام
mina (f)	manȝam (m)	منجم
pozo (m) de mina	manȝam (m)	منجم
minero (m)	ʿāmil manȝam (m)	عامل منجم

gas (m)	ɣāz (m)	غاز
gasoducto (m)	xaṭṭ anābīb ɣāz (m)	خط أنابيب غاز
petróleo (m)	nafṭ (m)	نفط
oleoducto (m)	anābīb an nafṭ (pl)	أنابيب النفط
pozo (m) de petróleo	bi'r an nafṭ (m)	بئر النفط
torre (f) de sondeo	ḥaffāra (f)	حفّارة
petrolero (m)	nāqilat an nafṭ (f)	ناقلة النفط

arena (f)	raml (m)	رمل
caliza (f)	ḥaȝar kalsiy (m)	حجر كلسيّ
grava (f)	ḥaṣa (m)	حصى
turba (f)	xaθθ fahm nabātiy (m)	خث فحم نباتيّ
arcilla (f)	ṭīn (m)	طين
carbón (m)	faḥm (m)	فحم

hierro (m)	ḥadīd (m)	حديد
oro (m)	ðahab (m)	ذهب
plata (f)	fiḍḍa (f)	فضّة
níquel (m)	nikil (m)	نيكل
cobre (m)	nuḥās (m)	نحاس

zinc (m)	zink (m)	زنك
manganeso (m)	manɣanīz (m)	منغنيز
mercurio (m)	zi'baq (m)	زئبق
plomo (m)	ruṣāṣ (m)	رصاص

mineral (m)	maʿdan (m)	معدن
cristal (m)	ballūra (f)	بلّورة
mármol (m)	ruxām (m)	رخام
uranio (m)	yurānuim (m)	يورانيوم

La tierra. Unidad 2

172. El tiempo

tiempo (m)	ṭaqs (m)	طقس
previsión (f) del tiempo	naʃra ʒawwiyya (f)	نشرة جوّية
temperatura (f)	ḥarāra (f)	حرارة
termómetro (m)	tirmūmitr (m)	ترمومتر
barómetro (m)	barūmitr (m)	بارومتر
húmedo (adj)	raṭib	رطب
humedad (f)	ruṭūba (f)	رطوبة
bochorno (m)	ḥarāra (f)	حرارة
tórrido (adj)	ḥārr	حارّ
hace mucho calor	al ʒaww ḥārr	الجوّ حارّ
hace calor (templado)	al ʒaww dāfiʾ	الجوّ دافئ
templado (adj)	dāfiʾ	دافئ
hace frío	al ʒaww bārid	الجوّ بارد
frío (adj)	bārid	بارد
sol (m)	ʃams (f)	شمس
brillar (vi)	aḍāʾ	أضاء
soleado (un día ~)	muʃmis	مشمس
elevarse (el sol)	ʃaraq	شرق
ponerse (vr)	ɣarab	غرب
nube (f)	saḥāba (f)	سحابة
nuboso (adj)	ɣāʾim	غائم
nubarrón (m)	saḥābat maṭar (f)	سحابة مطر
nublado (adj)	ɣāʾim	غائم
lluvia (f)	maṭar (m)	مطر
está lloviendo	innaha tamṭur	إنّها تمطر
lluvioso (adj)	mumṭir	ممطر
lloviznar (vi)	raðð	رذّ
aguacero (m)	maṭar munhamir (f)	مطر منهمر
chaparrón (m)	maṭar ɣazīr (m)	مطر غزير
fuerte (la lluvia ~)	ʃadīd	شديد
charco (m)	birka (f)	بركة
mojarse (vr)	ibtall	إبتلّ
niebla (f)	ḍabāb (m)	ضباب
nebuloso (adj)	muḍabbab	مضبّب
nieve (f)	θalʒ (m)	ثلج
está nevando	innaha taθluʒ	إنّها تثلج

173. Los eventos climáticos severos. Los desastres naturales

tormenta (f)	'āṣifa ra'diyya (f)	عاصفة رعدية
relámpago (m)	barq (m)	برق
relampaguear (vi)	baraq	برق
trueno (m)	ra'd (m)	رعد
tronar (vi)	ra'ad	رعد
está tronando	tar'ad as samā'	ترعد السماء
granizo (m)	maṭar bard (m)	مطر برد
está granizando	tamṭur as samā' bardan	تمطر السماء بردا
inundar (vt)	ɣamar	غمر
inundación (f)	fayaḍān (m)	فيضان
terremoto (m)	zilzāl (m)	زلزال
sacudida (f)	hazza arḍiyya (f)	هزة أرضية
epicentro (m)	markaz az zilzāl (m)	مركز الزلزال
erupción (f)	θawrān (m)	ثوران
lava (f)	ḥumam burkāniyya (pl)	حمم بركانية
torbellino (m), tornado (m)	i'ṣār (m)	إعصار
tifón (m)	ṭūfān (m)	طوفان
huracán (m)	i'ṣār (m)	إعصار
tempestad (f)	'āṣifa (f)	عاصفة
tsunami (m)	tsunāmi (m)	تسونامي
ciclón (m)	i'ṣār (m)	إعصار
mal tiempo (m)	ṭaqs sayyi' (m)	طقس سيء
incendio (m)	ḥarīq (m)	حريق
catástrofe (f)	kāriθa (f)	كارثة
meteorito (m)	ḥaʒar nayzakiy (m)	حجر نيزكي
avalancha (f)	inhiyār θalʒiy (m)	إنهيار ثلجي
alud (m) de nieve	inhiyār θalʒiy (m)	إنهيار ثلجي
ventisca (f)	'āṣifa θalʒiyya (f)	عاصفة ثلجية
nevasca (f)	'āṣifa θalʒiyya (f)	عاصفة ثلجية

La fauna

174. Los mamíferos. Los predadores

carnívoro (m)	ḥayawān muftaris (m)	حيوان مفترس
tigre (m)	namir (m)	نمر
león (m)	asad (m)	أسد
lobo (m)	ði'b (m)	ذئب
zorro (m)	θa'lab (m)	ثعلب
jaguar (m)	namir amrīkiy (m)	نمر أمريكيّ
leopardo (m)	fahd (m)	فهد
guepardo (m)	namir ṣayyād (m)	نمر صيّاد
pantera (f)	namir aswad (m)	نمر أسود
puma (f)	būma (m)	بوما
leopardo (m) de las nieves	namir aθ θulūʒ (m)	نمر الثلوج
lince (m)	waʃaq (m)	وشق
coyote (m)	qayūṭ (m)	قيوط
chacal (m)	ibn 'āwa (m)	ابن آوى
hiena (f)	ḍabuʿ (m)	ضبع

175. Los animales salvajes

animal (m)	ḥayawān (m)	حيوان
bestia (f)	ḥayawān (m)	حيوان
ardilla (f)	sinʒāb (m)	سنجاب
erizo (m)	qumfuð (m)	قنفذ
liebre (f)	arnab barriy (m)	أرنب برّيّ
conejo (m)	arnab (m)	أرنب
tejón (m)	ɣarīr (m)	غرير
mapache (m)	rākūn (m)	راكون
hámster (m)	qidād (m)	قداد
marmota (f)	marmuṭ (m)	مرموط
topo (m)	χuld (m)	خلد
ratón (m)	fa'r (m)	فأر
rata (f)	ʒurað (m)	جرذ
murciélago (m)	χuffāʃ (m)	خفّاش
armiño (m)	qāqum (m)	قاقم
cebellina (f)	sammūr (m)	سمّور
marta (f)	dalaq (m)	دلق
comadreja (f)	ibn 'irs (m)	إبن عرس
visón (m)	mink (m)	منك

| castor (m) | qundus (m) | قندس |
| nutria (f) | quḍāʿa (f) | قضاعة |

caballo (m)	ḥiṣān (m)	حصان
alce (m)	mūz (m)	موظ
ciervo (m)	ayyil (m)	أيّل
camello (m)	ʒamal (m)	جمل

bisonte (m)	bisūn (m)	بيسون
uro (m)	θawr barriy (m)	ثور بريّ
búfalo (m)	ʒāmūs (m)	جاموس

cebra (f)	ḥimār zarad (m)	حمار زرد
antílope (m)	ẓabiy (m)	ظبي
corzo (m)	yaḥmūr (m)	يحمور
gamo (m)	ayyil asmar urubbiy (m)	أيّل أسمر أوروبّيّ
gamuza (f)	ʃamwāh (f)	شامواه
jabalí (m)	xinzīr barriy (m)	خنزير بريّ

ballena (f)	ḥūt (m)	حوت
foca (f)	fuqma (f)	فقمة
morsa (f)	faẓẓ (m)	فظّ
oso (m) marino	fuqmat al firāʾ (f)	فقمة الفراء
delfín (m)	dilfīn (m)	دلفين

oso (m)	dubb (m)	دبّ
oso (m) blanco	dubb quṭbiy (m)	دبّ قطبيّ
panda (f)	bānda (m)	باندا

mono (m)	qird (m)	قرد
chimpancé (m)	ʃimbanzi (m)	شيمبانزي
orangután (m)	urangutān (m)	أورنغوتان
gorila (m)	ɣurīlla (f)	غوريلا
macaco (m)	qird al makāk (m)	قرد المكاك
gibón (m)	ʒibbūn (m)	جببون

elefante (m)	fīl (m)	فيل
rinoceronte (m)	xartīt (m)	خرتيت
jirafa (f)	zarāfa (f)	زرافة
hipopótamo (m)	faras an nahr (m)	فرس النهر

| canguro (m) | kanɣar (m) | كنغر |
| koala (f) | kuala (m) | كوالا |

mangosta (f)	nims (m)	نمس
chinchilla (f)	ʃinʃila (f)	شنشيلة
mofeta (f)	ẓaribān (m)	ظربان
espín (m)	nīṣ (m)	نيص

176. Los animales domésticos

gata (f)	qiṭṭa (f)	قطّة
gato (m)	ðakar al qiṭṭ (m)	ذكر القطّ
perro (m)	kalb (m)	كلب

caballo (m)	ḥiṣān (m)	حصان
garañón (m)	faḥl al xayl (m)	فحل الخيل
yegua (f)	unθa al faras (f)	أنثى الفرس

vaca (f)	baqara (f)	بقرة
toro (m)	θawr (m)	ثور
buey (m)	θawr (m)	ثور

oveja (f)	xarūf (f)	خروف
carnero (m)	kabʃ (m)	كبش
cabra (f)	mā‘iz (m)	ماعز
cabrón (m)	ðakar al mā‘ið (m)	ذكر الماعز

| asno (m) | ḥimār (m) | حمار |
| mulo (m) | baɣl (m) | بغل |

cerdo (m)	xinzīr (m)	خنزير
cerdito (m)	xannūṣ (m)	خنّوص
conejo (m)	arnab (m)	أرنب

| gallina (f) | daʒāʒa (f) | دجاجة |
| gallo (m) | dīk (m) | ديك |

pato (m)	baṭṭa (f)	بطّة
ánade (m)	ðakar al baṭṭ (m)	ذكر البطّ
ganso (m)	iwazza (f)	إوزّة

| pavo (m) | dīk rūmiy (m) | ديك رومي |
| pava (f) | daʒāʒ rūmiy (m) | دجاج رومي |

animales (m pl) domésticos	ḥayawānāt dawāʒin (pl)	حيوانات دواجن
domesticado (adj)	alīf	أليف
domesticar (vt)	allaf	ألّف
criar (vt)	rabba	ربّى

granja (f)	mazra‘a (f)	مزرعة
aves (f pl) de corral	ṭuyūr dāʒina (pl)	طيور داجنة
ganado (m)	māʃiya (f)	ماشية
rebaño (m)	qaṭī‘ (m)	قطيع

caballeriza (f)	isṭabl xayl (m)	إسطبل خيل
porqueriza (f)	ḥazīrat al xanāzīr (f)	حظيرة الخنازير
vaquería (f)	zirībat al baqar (f)	زريبة البقر
conejal (m)	qunn al arānib (m)	قنّ الأرانب
gallinero (m)	qunn ad daʒāʒ (m)	قن الدجاج

177. Los perros. Las razas de perros

perro (m)	kalb (m)	كلب
perro (m) pastor	kalb ra‘y (m)	كلب رعي
pastor (m) alemán	kalb ar rā‘i al almāniy (m)	كلب الراعي الألماني
caniche (m)	būdli (m)	بودل
teckel (m)	daʃhund (m)	دشهند
bulldog (m)	bulduɣ (m)	بلدغ

bóxer (m)	buksir (m)	بوكسر
mastín (m) inglés	mastīf (m)	ماستيف
rottweiler (m)	rut vāylir (m)	روت فايلر
doberman (m)	dubirmān (m)	دوبرمان

basset hound (m)	bāsit (m)	باسيت
bobtail (m)	bubteyl (m)	بوبتيل
dálmata (m)	kalb dalmāsiy (m)	كلب دلماسي
cocker spaniel (m)	kukkir spaniil (m)	كوكر سبأنييل

| terranova (m) | nyu faundland (m) | نيوفاوندلاند |
| san bernardo (m) | san birnār (m) | سنبرنار |

husky (m)	haski (m)	هاسكي
chow chow (m)	tʃaw tʃaw (m)	تشاوتشاو
pomerania (m)	ʃbītz (m)	شبينتز
pug (m), carlino (m)	bāk (m)	باك

178. Los sonidos de los animales

ladrido (m)	nubāḥ (m)	نباح
ladrar (vi)	nabaḥ	نبح
maullar (vi)	mā'	ماء
ronronear (vi)	χarχar	خرخر

mugir (vi)	χār	خار
bramar (toro)	χār	خار
rugir (vi)	damdam	دمدم

aullido (m)	'uwā' (m)	عواء
aullar (vi)	'awa	عوى
gañir (vi)	'awa	عوى

balar (vi)	ma'ma'	مأمأ
gruñir (cerdo)	qaba'	قبع
chillar (vi)	ṣāḥ	صاح

croar (vi)	naqq	نقّ
zumbar (vi)	ṭann	طنّ
chirriar (vi)	zaqzaq	زقزق

179. Los pájaros

pájaro (m)	ṭā'ir (m)	طائر
paloma (f)	ḥamāma (f)	حمامة
gorrión (m)	'uṣfūr (m)	عصفور
carbonero (m)	qurquf (m)	قرقف
urraca (f)	'aq'aq (m)	عقعق

cuervo (m)	ɣurāb aswad (m)	غراب أسود
corneja (f)	ɣurāb (m)	غراب
chova (f)	zāɣ (m)	زاغ

grajo (m)	ɣurāb al qayẓ (m)	غراب القيظ
pato (m)	baṭṭa (f)	بطّة
ganso (m)	iwazza (f)	إوزّة
faisán (m)	tadarruʒ (m)	تدرج
águila (f)	nasr (m)	نسر
azor (m)	bāz (m)	باز
halcón (m)	ṣaqr (m)	صقر
buitre (m)	raχam (m)	رخم
cóndor (m)	kundūr (m)	كندور
cisne (m)	timma (m)	تمّة
grulla (f)	kurkiy (m)	كركي
cigüeña (f)	laqlaq (m)	لقلق
loro (m), papagayo (m)	babaɣāʾ (m)	ببغاء
colibrí (m)	ṭannān (m)	طنّان
pavo (m) real	ṭāwūs (m)	طاووس
avestruz (m)	naʿāma (f)	نعامة
garza (f)	balaʃūn (m)	بلشون
flamenco (m)	nuḥām wardiy (m)	نحام وردي
pelícano (m)	baʒaʿa (f)	بجعة
ruiseñor (m)	bulbul (m)	بلبل
golondrina (f)	sunūnū (m)	سنونو
tordo (m)	sumna (m)	سمنة
zorzal (m)	summuna muɣarrida (m)	سمنة مغرّدة
mirlo (m)	ʃaḥrūr aswad (m)	شحرور أسود
vencejo (m)	samāma (m)	سمامة
alondra (f)	qubbara (f)	قبّرة
codorniz (f)	sammān (m)	سمّان
pájaro carpintero (m)	naqqār al χaʃab (m)	نقّار الخشب
cuco (m)	waqwāq (m)	وقواق
lechuza (f)	būma (f)	بومة
búho (m)	būm urāsiy (m)	بوم أوراسي
urogallo (m)	dīk il χalanʒ (m)	ديك الخلنج
gallo lira (m)	ṭayhūʒ aswad (m)	طيهوج أسود
perdiz (f)	ḥaʒal (m)	حجل
estornino (m)	zurzūr (m)	زرزور
canario (m)	kanāriy (m)	كناري
ortega (f)	ṭayhūʒ il bunduq (m)	طيهوج البندق
pinzón (m)	ʃurʃūr (m)	شرشور
camachuelo (m)	diɣnāʃ (m)	دغناش
gaviota (f)	nawras (m)	نورس
albatros (m)	al qaṭras (m)	القطرس
pingüino (m)	biṭrīq (m)	بطريق

180. Los pájaros. El canto y los sonidos

cantar (vi)	ɣanna	غنّى
gritar, llamar (vi)	nāda	نادى
cantar (el gallo)	ṣāḥ	صاح
quiquiriquí (m)	kukukuku	كوكوكوكو
cloquear (vi)	qaraq	قرق
graznar (vi)	naʻaq	نعق
graznar, parpar (vi)	baṭbaṭ	بطبط
piar (vi)	ṣaʼṣaʼ	صأصأ
gorjear (vi)	zaqzaq	زقزق

181. Los peces. Los animales marinos

brema (f)	abramīs (m)	أبراميس
carpa (f)	ʃabbūṭ (m)	شبّوط
perca (f)	farχ (m)	فرخ
siluro (m)	qarmūṭ (m)	قرموط
lucio (m)	samak al karāki (m)	سمك الكراكي
salmón (m)	salmūn (m)	سلمون
esturión (m)	ḥaʃʃ (m)	حفش
arenque (m)	rinʒa (f)	رنجة
salmón (m) del Atlántico	salmūn aṭlasiy (m)	سلمون أطلسيّ
caballa (f)	usqumriy (m)	أسقمريّ
lenguado (m)	samak mufalṭaḥ (f)	سمك مفلطح
lucioperca (f)	samak sandar (m)	سمك سندر
bacalao (m)	qudd (m)	قدّ
atún (m)	tūna (f)	تونة
trucha (f)	salmūn muraqqaṭ (m)	سلمون مرقّط
anguila (f)	ḥankalīs (m)	حنكليس
raya (f) eléctrica	raʻʻād (m)	رعّاد
morena (f)	murāy (m)	موراي
piraña (f)	birāna (f)	بيرانا
tiburón (m)	qirʃ (m)	قرش
delfín (m)	dilfīn (m)	دلفين
ballena (f)	ḥūt (m)	حوت
centolla (f)	salṭaʻūn (m)	سلطعون
medusa (f)	qindīl al bahr (m)	قنديل البحر
pulpo (m)	uχṭubūṭ (m)	أخطبوط
estrella (f) de mar	naʒmat al bahr (f)	نجمة البحر
erizo (m) de mar	qumfuð al bahr (m)	قنفذ البحر
caballito (m) de mar	ḥiṣān al bahr (m)	فرس البحر
ostra (f)	maḥār (m)	محار
camarón (m)	ʒambari (m)	جمبريّ

| bogavante (m) | istakūza (f) | إستكوزا |
| langosta (f) | karkand ʃāik (m) | كركند شائك |

182. Los anfibios. Los reptiles

| serpiente (f) | θuʿbān (m) | ثعبان |
| venenoso (adj) | sāmm | سامّ |

víbora (f)	afʿa (f)	أفعى
cobra (f)	kūbra (m)	كوبرا
pitón (m)	biθūn (m)	بيثون
boa (f)	buwāʾ (f)	بواء

culebra (f)	θuʿbān al ʿuʃb (m)	ثعبان العشب
serpiente (m) de cascabel	afʿa al ʒalʒala (f)	أفعى الجلجلة
anaconda (f)	anakūnda (f)	أناكوندا

lagarto (m)	siḥliyya (f)	سحليّة
iguana (f)	iɣwāna (f)	إغوانة
varano (m)	waral (m)	ورل
salamandra (f)	samandar (m)	سمندر
camaleón (m)	ḥirbāʾ (f)	حرباء
escorpión (m)	ʿaqrab (m)	عقرب

tortuga (f)	sulaḥfāt (f)	سلحفاة
rana (f)	ḍifḍaʿ (m)	ضفدع
sapo (m)	ḍifḍaʿ aṭ ṭīn (m)	ضفدع الطين
cocodrilo (m)	timsāḥ (m)	تمساح

183. Los insectos

insecto (m)	ḥaʃara (f)	حشرة
mariposa (f)	farāʃa (f)	فراشة
hormiga (f)	namla (f)	نملة
mosca (f)	ðubāba (f)	ذبابة
mosquito (m) (picadura de ~)	namūsa (f)	ناموسة
escarabajo (m)	χunfusa (f)	خنفسة

avispa (f)	dabbūr (m)	دبّور
abeja (f)	naḥla (f)	نحلة
abejorro (m)	naḥla ṭannāna (f)	نحلة طنّانة
moscardón (m)	naʿra (f)	نعرة

| araña (f) | ʿankabūt (m) | عنكبوت |
| telaraña (f) | nasīʒ ʿankabūt (m) | نسيج عنكبوت |

libélula (f)	yaʿsūb (m)	يعسوب
saltamontes (m)	ʒarād (m)	جراد
mariposa (f) nocturna	ʿitta (f)	عتّة

| cucaracha (f) | ṣurṣūr (m) | صرصور |
| garrapata (f) | qurāda (f) | قرادة |

| pulga (f) | burɣūθ (m) | برغوث |
| mosca (f) negra | ba'ūḍa (f) | بعوضة |

langosta (f)	ӡarād (m)	جراد
caracol (m)	ḥalzūn (m)	حلزون
grillo (m)	ṣarrār al layl (m)	صرّار الليل
luciérnaga (f)	yarā'a muḍī'a (f)	يراعة مضيئة
mariquita (f)	da'sūqa (f)	دعسوقة
sanjuanero (m)	χunfusa kabīra (f)	خنفسة كبيرة

sanguijuela (f)	'alaqa (f)	علقة
oruga (f)	yasrū' (m)	يسروع
lombriz (m) de tierra	dūda (f)	دودة
larva (f)	yaraqa (f)	يرقة

184. Los animales. Las partes del cuerpo

pico (m)	minqār (m)	منقار
alas (f pl)	aӡniḥa (pl)	أجنحة
pata (f)	riӡl (f)	رجل
plumaje (m)	rīʃ (m)	ريش
pluma (f)	rīʃa (f)	ريشة
penacho (m)	tāӡ (m)	تاج

branquias (f pl)	χayāʃīm (pl)	خياشيم
huevas (f pl)	bayḍ as samak (pl)	بيض السمك
larva (f)	yaraqa (f)	يرقة
aleta (f)	zi'nifa (f)	زعنفة
escamas (f pl)	ḥarāfiʃ (pl)	حرافش

colmillo (m)	nāb (m)	ناب
garra (f), pata (f)	qadam (f)	قدم
hocico (m)	χaṭm (m)	خطم
boca (f)	fam (m)	فم
cola (f)	ðayl (m)	ذيل
bigotes (m pl)	ʃawārib (pl)	شوارب

| casco (m) (pezuña) | ḥāfir (m) | حافر |
| cuerno (m) | qarn (m) | قرن |

caparazón (m)	dir' (m)	درع
concha (f) (de moluscos)	maḥāra (f)	محارة
cáscara (f) (de huevo)	qiʃrat bayḍa (f)	قشرة بيضة

| pelo (m) (de perro) | ʃa'r (m) | شعر |
| piel (f) (de vaca, etc.) | ӡild (m) | جلد |

185. Los animales. El hábitat

hábitat (m)	mawṭin (m)	موطن
migración (f)	hiӡra (f)	هجرة
montaña (f)	ӡabal (m)	جبل

arrecife (m)	ʃiʿāb (pl)	شعاب
roca (f)	ʒurf (m)	جرف
bosque (m)	ɣāba (f)	غابة
jungla (f)	adɣāl (pl)	أدغال
sabana (f)	savānna (f)	سافانا
tundra (f)	tundra (f)	تندرا
estepa (f)	sahb (m)	سهب
desierto (m)	ṣaḥrāʾ (f)	صحراء
oasis (m)	wāḥa (f)	واحة
mar (m)	baḥr (m)	بحر
lago (m)	buḥayra (f)	بحيرة
océano (m)	muḥīṭ (m)	محيط
pantano (m)	mustanqaʿ (m)	مستنقع
de agua dulce (adj)	al miyāh al ʿaðba	المياه العذبة
estanque (m)	birka (f)	بركة
río (m)	nahr (m)	نهر
cubil (m)	wakr (m)	وكر
nido (m)	ʿuʃʃ (m)	عشّ
agujero (m)	ʒawf (m)	جوف
madriguera (f)	ʒuḥr (m)	جحر
hormiguero (m)	ʿuʃʃ naml (m)	عشّ نمل

La flora

186. Los árboles

árbol (m)	ʃaӡara (f)	شجرة
foliáceo (adj)	nafḍiyya	نفضيّة
conífero (adj)	ṣanawbariyya	صنوبريّة
de hoja perenne	dã'imat al χuḍra	دائمة الخضرة
manzano (m)	ʃaӡarat tuffāḥ (f)	شجرة تفّاح
peral (m)	ʃaӡarat kummaθra (f)	شجرة كمّثرى
cerezo (m), guindo (m)	ʃaӡarat karaz (f)	شجرة كرز
ciruelo (m)	ʃaӡarat barqūq (f)	شجرة برقوق
abedul (m)	batūla (f)	بتولا
roble (m)	ballūṭ (f)	بلّوط
tilo (m)	ʃaӡarat zayzafūn (f)	شجرة زيزفون
pobo (m)	ḥawr raӡrāӡ (m)	حور رجراج
arce (m)	qayqab (f)	قيقب
pícea (f)	ratinaӡ (f)	راتينج
pino (m)	ṣanawbar (f)	صنوبر
alerce (m)	arziyya (f)	أرزيّة
abeto (m)	tannūb (f)	تنّوب
cedro (m)	arz (f)	أرز
álamo (m)	ḥawr (f)	حور
serbal (m)	γubayrā' (f)	غبيراء
sauce (m)	ṣafsāf (f)	صفصاف
aliso (m)	ӡār il mã' (m)	جار الماء
haya (f)	zān (m)	زان
olmo (m)	dardār (f)	دردار
fresno (m)	marān (f)	مران
castaño (m)	kastanā' (f)	كستناء
magnolia (f)	maγnūliya (f)	مغنوليا
palmera (f)	naχla (f)	نخلة
ciprés (m)	sarw (f)	سرو
mangle (m)	ayka sāḥiliyya (f)	أيكة ساحليّة
baobab (m)	bāubāb (f)	باوباب
eucalipto (m)	ukaliptus (f)	أوكالبتوس
secoya (f)	siqūya (f)	سيكويا

187. Los arbustos

mata (f)	ʃuӡayra (f)	شجيرة
arbusto (m)	ʃuӡayrāt (pl)	شجيرات

| vid (f) | karma (f) | كرمة |
| viñedo (m) | karam (m) | كرم |

frambueso (m)	tūt al ʿullayq al aḥmar (m)	توت العليق الأحمر
grosellero (m) rojo	kiʃmiʃ aḥmar (m)	كشمش أحمر
grosellero (m) espinoso	ʿinab aθ θaʿlab (m)	عنب الثعلب

acacia (f)	sanṭ (f)	سنط
berberís (m)	amīr barīs (m)	أمير باريس
jazmín (m)	yāsmīn (m)	ياسمين

enebro (m)	ʿarʿar (m)	عرعر
rosal (m)	ʃuʒayrat ward (f)	شجيرة ورد
escaramujo (m)	ward ʒabaliy (m)	ورد جبلي

188. Los hongos

seta (f)	fuṭr (f)	فطر
seta (f) comestible	fuṭr ṣāliḥ lil akl (m)	فطر صالح للأكل
seta (f) venenosa	fuṭr sāmm (m)	فطر سام
sombrerete (m)	ṭarbūʃ al fuṭr (m)	طربوش الفطر
estipe (m)	sāq al fuṭr (m)	ساق الفطر

seta calabaza (f)	fuṭr bulīṭ maʾkūl (m)	فطر بوليط مأكول
boleto (m) castaño	fuṭr aḥmar (m)	فطر أحمر
boleto (m) áspero	fuṭr bulīṭ (m)	فطر بوليط
rebozuelo (m)	fuṭr kwīzi (m)	فطر كويزي
rúsula (f)	fuṭr russūla (m)	فطر روسولا

colmenilla (f)	fuṭr al ɣūʃna (m)	فطر الغوشنة
matamoscas (m)	fuṭr amānīt aṭ ṭāʾir as sāmm (m)	فطر أمانيت الطائر السام
oronja (f) verde	fuṭr amānīt falusyāniy as sāmm (m)	فطر أمانيت فالوسياني السام

189. Las frutas. Las bayas

fruto (m)	θamra (f)	ثمرة
frutos (m pl)	θamr (m)	ثمر
manzana (f)	tuffāḥa (f)	تفاحة
pera (f)	kummaθra (f)	كمثرى
ciruela (f)	barqūq (m)	برقوق

fresa (f)	farawla (f)	فراولة
guinda (f), cereza (f)	karaz (m)	كرز
uva (f)	ʿinab (m)	عنب

frambuesa (f)	tūt al ʿullayq al aḥmar (m)	توت العليق الأحمر
grosella (f) negra	ʿinab aθ θaʿlab al aswad (m)	عنب الثعلب الأسود
grosella (f) roja	kiʃmiʃ aḥmar (m)	كشمش أحمر
grosella (f) espinosa	ʿinab aθ θaʿlab (m)	عنب الثعلب
arándano (m) agrio	tūt aḥmar barriy (m)	توت أحمر بري

naranja (f)	burtuqāl (m)	برتقال
mandarina (f)	yūsufiy (m)	يوسفي
piña (f)	ananās (m)	أناناس
banana (f)	mawz (m)	موز
dátil (m)	tamr (m)	تمر

limón (m)	laymūn (m)	ليمون
albaricoque (m)	miʃmiʃ (f)	مشمش
melocotón (m)	durrāq (m)	دراق
kiwi (m)	kiwi (m)	كيوي
toronja (f)	zinbāʿ (m)	زنباع

baya (f)	ḥabba (f)	حبّة
bayas (f pl)	ḥabbāt (pl)	حبّات
arándano (m) rojo	ʿinab aθ θawr (m)	عنب الثور
fresa (f) silvestre	farāwla barriyya (f)	فراولة برّية
arándano (m)	ʿinab al aḥrāʒ (m)	عنب الأحراج

190. Las flores. Las plantas

| flor (f) | zahra (f) | زهرة |
| ramo (m) de flores | bāqat zuhūr (f) | باقة زهور |

rosa (f)	warda (f)	وردة
tulipán (m)	tulīb (f)	توليب
clavel (m)	qurumful (m)	قرنفل
gladiolo (m)	dalbūθ (f)	دلبوث

aciano (m)	turunʃāh (m)	ترنشاه
campanilla (f)	ʒarīs (m)	جريس
diente (m) de león	hindibāʾ (f)	هندباء
manzanilla (f)	babunʒ (m)	بابونج

áloe (m)	aluwwa (m)	ألوّة
cacto (m)	ṣabbār (m)	صبّار
ficus (m)	tīn (m)	تين

azucena (f)	sawsan (m)	سوسن
geranio (m)	ibrat ar rāʿi (f)	إبرة الراعي
jacinto (m)	zanbaq (f)	زنبق

mimosa (f)	mimūza (f)	ميموزا
narciso (m)	narʒis (f)	نرجس
capuchina (f)	abu χanʒar (f)	أبو خنجر

orquídea (f)	saḥlab (f)	سحلب
peonía (f)	fawniya (f)	فاوانيا
violeta (f)	banafsaʒ (f)	بنفسج

trinitaria (f)	banafsaʒ muθallaθ (m)	بنفسج مثلّث
nomeolvides (f)	ʾāðān al faʾr (pl)	آذان الفأر
margarita (f)	uqhuwān (f)	أقحوان
amapola (f)	χaʃχāʃ (f)	خشخاش
cáñamo (m)	qinnab (m)	قنب

menta (f)	na'nā' (m)	نعناع
muguete (m)	sawsan al wādi (m)	سوسن الوادي
campanilla (f) de las nieves	zahrat al laban (f)	زهرة اللبن
ortiga (f)	qarrāṣ (m)	قرّاص
acedera (f)	ḥammāḍ (m)	حمّاض
nenúfar (m)	nilūfar (m)	نيلوفر
helecho (m)	saraxs (m)	سرخس
liquen (m)	uʃna (f)	أشنة
invernadero (m) tropical	dafī'a (f)	دفيئة
césped (m)	'uʃb (m)	عشب
macizo (m) de flores	ʒunaynat zuhūr (f)	جنينة زهور
planta (f)	nabāt (m)	نبات
hierba (f)	'uʃb (m)	عشب
hoja (f) de hierba	'uʃba (f)	عشبة
hoja (f)	waraqa (f)	ورقة
pétalo (m)	waraqat az zahra (f)	ورقة الزهرة
tallo (m)	sāq (f)	ساق
tubérculo (m)	darnat nabāt (f)	درنة نبات
retoño (m)	nabta saɣīra (f)	نبتة صغيرة
espina (f)	ʃawka (f)	شوكة
florecer (vi)	nawwar	نوّر
marchitarse (vr)	ðabal	ذبل
olor (m)	rā'iḥa (f)	رائحة
cortar (vt)	qaṭa'	قطع
coger (una flor)	qaṭaf	قطف

191. Los cereales, los granos

grano (m)	ḥubūb (pl)	حبوب
cereales (m pl) (plantas)	maḥāṣīl al ḥubūb (pl)	محاصيل الحبوب
espiga (f)	sumbula (f)	سنبلة
trigo (m)	qamḥ (m)	قمح
centeno (m)	ʒāwdār (m)	جاودار
avena (f)	ʃūfān (m)	شوفان
mijo (m)	duxn (m)	دخن
cebada (f)	ʃa'īr (m)	شعير
maíz (m)	ðura (f)	ذرَة
arroz (m)	urz (m)	أرز
alforfón (m)	ḥinṭa sawdā' (f)	حنطة سوداء
guisante (m)	bisilla (f)	بسلّة
fréjol (m)	faṣūliya (f)	فاصوليا
soya (f)	fūl aṣ ṣūya (m)	فول الصويا
lenteja (f)	'adas (m)	عدس
habas (f pl)	fūl (m)	فول

GEOGRAFÍA REGIONAL

192. La política. El gobierno. Unidad 1

política (f)	siyāsa (f)	سِياسة
político (adj)	siyāsiy	سِياسيّ
político (m)	siyāsiy (m)	سِياسيّ
estado (m)	dawla (f)	دَولة
ciudadano (m)	muwāṭin (m)	مُواطِن
ciudadanía (f)	ȝinsiyya (f)	جِنسِية
escudo (m) nacional	ʃiʿār waṭaniy (m)	شِعار وَطَنيّ
himno (m) nacional	naʃīd waṭaniy (m)	نشيد وَطَنيّ
gobierno (m)	ḥukūma (f)	حُكومة
jefe (m) de estado	ra's ad dawla (m)	رَأس الدَولة
parlamento (m)	barlamān (m)	بَرلَمان
partido (m)	ḥizb (m)	حِزب
capitalismo (m)	ra'smāliyya (f)	رَأسمالِية
capitalista (adj)	ra'smāliy	رَأسماليّ
socialismo (m)	iʃtirākiyya (f)	إِشتِراكِية
socialista (adj)	iʃtirākiy	إِشتِراكيّ
comunismo (m)	ʃuyūʿiyya (f)	شيوعِية
comunista (adj)	ʃuyūʿiy	شيوعيّ
comunista (m)	ʃuyūʿiy (m)	شيوعيّ
democracia (f)	dimuqraṭiyya (f)	ديموقراطِية
demócrata (m)	dimuqrāṭiy (m)	ديموقراطيّ
democrático (adj)	dimuqrāṭiy	ديموقراطيّ
Partido (m) Democrático	al ḥizb ad dimukrāṭiy (m)	الحَزب الدّيموقراطيّ
liberal (m)	libirāliy (m)	ليبيراليّ
liberal (adj)	libirāliy	ليبيراليّ
conservador (m)	muḥāfiẓ (m)	مُحافِظ
conservador (adj)	muḥāfiẓ	مُحافِظ
república (f)	ȝumhūriyya (f)	جُمهورِية
republicano (m)	ȝumhūriy (m)	جُمهوريّ
Partido (m) Republicano	al ḥizb al ȝumhūriy (m)	الحَزب الجُمهوريّ
elecciones (f pl)	intixābāt (pl)	إِنتِخابات
elegir (vi)	intaxab	إِنتَخَب
elector (m)	nāxib (m)	ناخِب
campaña (f) electoral	ḥamla intixābiyya (f)	حَملة إِنتِخابِية
votación (f)	taṣwīt (m)	تَصويت
votar (vi)	ṣawwat	صَوَّت

175

derecho (m) a voto	ḥaqq al intixāb (m)	حقّ الإنتخاب
candidato (m)	muraʃʃaḥ (m)	مرشّح
presentarse como candidato	raʃʃaḥ nafsahu	رشّح نفسه
campaña (f)	ḥamla (f)	حملة
de oposición (adj)	muʿāriḍ	معارض
oposición (f)	muʿāraḍa (f)	معارضة
visita (f)	ziyāra (f)	زيارة
visita (f) oficial	ziyāra rasmiyya (f)	زيارة رسميّة
internacional (adj)	duwaliy	دولي
negociaciones (f pl)	mubāḥaθāt (pl)	مباحثات
negociar (vi)	aʒra mubāḥaθāt	أجرى مباحثات

193. La política. El gobierno. Unidad 2

sociedad (f)	muʒtamaʿ (m)	مجتمع
constitución (f)	dustūr (m)	دستور
poder (m)	sulṭa (f)	سلطة
corrupción (f)	fasād (m)	فساد
ley (f)	qānūn (m)	قانون
legal (adj)	qānūniy	قانوني
justicia (f)	ʿadāla (f)	عدالة
justo (adj)	ʿādil	عادل
comité (m)	laʒna (f)	لجنة
proyecto (m) de ley	maʃrūʿ qānūn (m)	مشروع قانون
presupuesto (m)	mīzāniyya (f)	ميزانيّة
política (f)	siyāsa (f)	سياسة
reforma (f)	iṣlāḥ (m)	إصلاح
radical (adj)	radikāliy	راديكالي
potencia (f) (~ militar, etc.)	quwwa (f)	قوّة
poderoso (adj)	qawiy	قوي
partidario (m)	muʾayyid (m)	مؤيد
influencia (f)	taʾθīr (m)	تأثير
régimen (m)	niẓām ḥukm (m)	نظام حكم
conflicto (m)	xilāf (m)	خلاف
complot (m)	muʾāmara (f)	مؤامرة
provocación (f)	istifzāz (m)	إستفزاز
derrocar (al régimen)	asqaṭ	أسقط
derrocamiento (m)	isqāṭ (m)	إسقاط
revolución (f)	θawra (f)	ثورة
golpe (m) de estado	inqilāb (m)	إنقلاب
golpe (m) militar	inqilāb ʿaskariy (m)	انقلاب عسكري
crisis (f)	azma (f)	أزمة
recesión (f) económica	rukūd iqtiṣādiy (m)	ركود إقتصادي

manifestante (m)	mutaẓāhir (m)	متظاهر
manifestación (f)	muẓāhara (f)	مظاهرة
ley (f) marcial	al aḥkām al 'urfiyya (pl)	الأحكام العرفيّة
base (f) militar	qa'ida 'askariyya (f)	قاعدة عسكريّة

estabilidad (f)	istiqrār (m)	إستقرار
estable (adj)	mustaqirr	مستقرّ

explotación (f)	istiɣlāl (m)	إستغلال
explotar (vt)	istaɣall	إستغلّ

racismo (m)	'unṣuriyya (f)	عنصريّة
racista (m)	'unṣuriy (m)	عنصريّ
fascismo (m)	fāʃiyya (f)	فاشيّة
fascista (m)	fāʃiy (m)	فاشيّ

194. Los países. Miscelánea

extranjero (m)	aʒnabiy (m)	أجنبيّ
extranjero (adj)	aʒnabiy	أجنبيّ
en el extranjero	fil χāriʒ	في الخارج

emigrante (m)	nāziḥ (m)	نازح
emigración (f)	nuziḥ (m)	نزوح
emigrar (vi)	nazūḥ	نزح

Oeste (m)	al ɣarb (m)	الغرب
Oriente (m)	aʃ ʃarq (m)	الشرق
Extremo Oriente (m)	aʃ ʃarq al aqṣa (m)	الشرق الأقصى

civilización (f)	ḥaḍāra (f)	حضارة
humanidad (f)	al baʃariyya (f)	البشريّة
mundo (m)	al 'ālam (m)	العالم
paz (f)	salām (m)	سلام
mundial (adj)	'ālamiy	عالميّ

patria (f)	waṭan (m)	وطن
pueblo (m)	ʃa'b (m)	شعب
población (f)	sukkān (pl)	سكّان
gente (f)	nās (pl)	ناس
nación (f)	umma (f)	أمّة
generación (f)	ʒīl (m)	جيل

territorio (m)	arḍ (f)	أرض
región (f)	mintaqa (f)	منطقة
estado (m) (parte de un país)	wilāya (f)	ولاية

tradición (f)	taqlīd (m)	تقليد
costumbre (f)	'āda (f)	عادة
ecología (f)	'ilm al bī'a (m)	علم البيئة

indio (m)	hindiy aḥmar (m)	هنديّ أحمر
gitano (m)	ɣaʒariy (m)	غجريّ
gitana (f)	ɣaʒariyya (f)	غجريّة

gitano (adj)	ɣaʒariy	غجريّ
imperio (m)	imbiraṭuriyya (f)	امبراطوريّة
colonia (f)	musta'mara (f)	مستعمرة
esclavitud (f)	'ubūdiyya (f)	عبوديّة
invasión (f)	ɣazw (m)	غزو
hambruna (f)	maʒā'a (f)	مجاعة

195. Grupos religiosos principales. Las confesiones

religión (f)	dīn (m)	دين
religioso (adj)	dīniy	دينيّ
creencia (f)	'īmān (m)	إيمان
creer (en Dios)	'āman	آمن
creyente (m)	mu'min (m)	مؤمن
ateísmo (m)	al ilḥād (m)	الإلحاد
ateo (m)	mulḥid (m)	ملحد
cristianismo (m)	al masīḥiyya (f)	المسيحيّة
cristiano (m)	masīḥiy (m)	مسيحيّ
cristiano (adj)	masīḥiy	مسيحيّ
catolicismo (m)	al kaθūlikiyya (f)	الكاثوليكيّة
católico (m)	kaθulīkiy (m)	كاثوليكيّ
católico (adj)	kaθulīkiy	كاثوليكيّ
protestantismo (m)	al brutistantiyya (f)	البروتستانتية
Iglesia (f) protestante	al kanīsa al brutistantiyya (f)	الكنيسة البروتستانتيّة
protestante (m)	brutistantiy (m)	بروتستانتيّ
ortodoxia (f)	urθuðuksiyya (f)	الأرثوذكسيّة
Iglesia (f) ortodoxa	al kanīsa al urθuðuksiyya (f)	الكنيسة الأرثوذكسيّة
ortodoxo (m)	urθuðuksiy (m)	أرثوذكسيّ
presbiterianismo (m)	maʃīxiyya (f)	المشيخيّة
Iglesia (f) presbiteriana	al kanīsa al maʃīxiyya (f)	الكنيسة المشيخيّة
presbiteriano (m)	maʃīxiy (m)	مشيخيّ
Iglesia (f) luterana	al kanīsa al luθiriyya (f)	الكنيسة اللوثريّة
luterano (m)	luθiriy (m)	لوثريّ
Iglesia (f) bautista	al kanīsa al ma'madāniyya (f)	الكنيسة المعمدانيّة
bautista (m)	ma'madāniy (m)	معمدانيّ
Iglesia (f) anglicana	al kanīsa al anʒlikāniyya (f)	الكنيسة الإنجليكانيّة
anglicano (m)	anʒlikāniy (m)	أنجليكانيّ
mormonismo (m)	al murumūniyya (f)	المورمونيّة
mormón (m)	masīḥiy murmūn (m)	مسيحيّ مرمون
judaísmo (m)	al yahūdiyya (f)	اليهوديّة
judío (m)	yahūdiy (m)	يهوديّ
budismo (m)	al būðiyya (f)	البوذيّة
budista (m)	būðiy (m)	بوذيّ

hinduismo (m)	al hindūsiyya (f)	الهندوسيّة
hinduista (m)	hindūsiy (m)	هندوسي
Islam (m)	al islām (m)	الإسلام
musulmán (m)	muslim (m)	مسلم
musulmán (adj)	islāmiy	إسلامي
chiísmo (m)	al maðhab aʃʃī'iy (m)	المذهب الشيعيّ
chiita (m)	ʃī'iy (m)	شيعي
sunismo (m)	al maðhab as sunniy (m)	المذهب السنّيّ
suní (m, f)	sunniy (m)	سنّي

196. Las religiones. Los sacerdotes

sacerdote (m)	qissīs (m), kāhin (m)	قسّيس, كاهن
Papa (m)	al bāba (m)	البابا
monje (m)	rāhib (m)	راهب
monja (f)	rāhiba (f)	راهبة
pastor (m)	qissīs (m)	قسّيس
abad (m)	ra'īs ad dayr (m)	رئيس الدير
vicario (m)	viqār (m)	فيقار
obispo (m)	usquf (m)	أسقف
cardenal (m)	kardināl (m)	كاردينال
predicador (m)	tabʃīr (m)	تبشير
prédica (f)	xutba (f)	خطبة
parroquianos (pl)	ra'iyyat al abraʃiyya (f)	رعية الأبرشيّة
creyente (m)	mu'min (m)	مؤمن
ateo (m)	mulḥid (m)	ملحد

197. La fe. El cristianismo. El islamismo

Adán	'ādam (m)	آدم
Eva	ḥawā' (f)	حواء
Dios (m)	allah (m)	الله
Señor (m)	ar rabb (m)	الربّ
el Todopoderoso	al qadīr (m)	القدير
pecado (m)	ðamb (m)	ذنب
pecar (vi)	aðnab	أذنب
pecador (m)	muðnib (m)	مذنب
pecadora (f)	muðniba (f)	مذنبة
infierno (m)	al ʒaḥīm (f)	الجحيم
paraíso (m)	al ʒanna (f)	الجنّة
Jesús	yasū' (m)	يسوع
Jesucristo (m)	yasū' al masīḥ (m)	يسوع المسيح

el Espíritu Santo	ar rūḥ al qudus (m)	الروح القدس
el Salvador	al masīḥ (m)	المسيح
la Virgen María	maryam al ʿaðrā' (f)	مريم العذراء
el Diablo	aʃ ʃayṭān (m)	الشيطان
diabólico (adj)	ʃayṭāniy	شيطاني
Satán (m)	aʃ ʃayṭān (m)	الشيطان
satánico (adj)	ʃayṭāniy	شيطاني
ángel (m)	malāk (m)	ملاك
ángel (m) custodio	malāk ḥāris (m)	ملاك حارس
angelical (adj)	malā'ikiy	ملائكي
apóstol (m)	rasūl (m)	رسول
arcángel (m)	al malak ar raʾīsiy (m)	الملك الرئيسي
anticristo (m)	al masīḥ ad daʒʒāl (m)	المسيح الدجّال
Iglesia (f)	al kanīsa (f)	الكنيسة
Biblia (f)	al kitāb al muqaddas (m)	الكتاب المقدّس
bíblico (adj)	tawrātiy	توراتي
Antiguo Testamento (m)	al ʿahd al qadīm (m)	العهد القديم
Nuevo Testamento (m)	al ʿahd al ʒadīd (m)	العهد الجديد
Evangelio (m)	inʒīl (m)	إنجيل
Sagrada Escritura (f)	al kitāb al muqaddas (m)	الكتاب المقدّس
cielo (m)	al ʒanna (f)	الجنّة
mandamiento (m)	waṣiyya (f)	وصيّة
profeta (m)	nabiy (m)	نبي
profecía (f)	nubū'a (f)	نبوءة
Alá	allah (m)	الله
Mahoma	muḥammad (m)	محمّد
Corán, Korán (m)	al qur'ān (m)	القرآن
mezquita (f)	masʒid (m)	مسجد
mulá (m), mullah (m)	mulla (m)	مُلّا
oración (f)	ṣalāt (f)	صلاة
orar, rezar (vi)	ṣalla	صلّى
peregrinación (f)	ḥaʒʒ (m)	حجّ
peregrino (m)	ḥāʒʒ (m)	حاجّ
La Meca	makka al mukarrama (f)	مكة المكرّمة
iglesia (f)	kanīsa (f)	كنيسة
templo (m)	maʿbad (m)	معبد
catedral (f)	katidrā'iyya (f)	كاتدرائيّة
gótico (adj)	qūṭiy	قوطي
sinagoga (f)	kanīs maʿbad yahūdiy (m)	كنيس معبد يهوديّ
mezquita (f)	masʒid (m)	مسجد
capilla (f)	kanīsa saɣīra (f)	كنيسة صغيرة
abadía (f)	dayr (m)	دير
convento (m)	dayr (m)	دير
monasterio (m)	dayr (m)	دير
campana (f)	ʒaras (m)	جرس

campanario (m)	burʒ al ʒaras (m)	برج الجرس
sonar (vi)	daqq	دق
cruz (f)	ṣalīb (m)	صليب
cúpula (f)	qubba (f)	قبّة
icono (m)	ʔkūna (f)	ايقونة
alma (f)	nafs (f)	نفس
destino (m)	maṣīr (m)	مصير
maldad (f)	ʃarr (m)	شرّ
bien (m)	χayr (m)	خير
vampiro (m)	maṣṣāṣ dimā' (m)	مصّاص دماء
bruja (f)	sāḥira (f)	ساحرة
demonio (m)	ʃayṭān (m)	شيطان
espíritu (m)	rūḥ (m)	روح
redención (f)	takfīr (m)	تكفير
redimir (vt)	kaffar 'an	كفّر عن
culto (m), misa (f)	qaddās (m)	قداس
decir misa	alqa χuṭba bil kanīsa	ألقى خطبة بالكنيسة
confesión (f)	i'tirāf (m)	إعتراف
confesarse (vr)	i'taraf	إعترف
santo (m)	qiddīs (m)	قدّيس
sagrado (adj)	muqaddas (m)	مقدّس
agua (f) santa	mā' muqaddas (m)	ماء مقدّس
rito (m)	ṭuqūs (pl)	طقوس
ritual (adj)	ṭuqūsiy	طقوسيّ
sacrificio (m)	ðabīḥa (f)	ذبيحة
superstición (f)	χurāfa (f)	خرافة
supersticioso (adj)	mu'min bil χurāfāt (m)	مؤمن بالخرافات
vida (f) de ultratumba	al 'āχira (f)	الآخرة
vida (f) eterna	al ḥayāt al abadiyya (f)	الحياة الأبدية

MISCELÁNEA

198. Varias palabras útiles

alto (m) (parada temporal)	istirāḥa (f)	إستراحة
ayuda (f)	musā'ada (f)	مساعدة
balance (m)	tawāzun (m)	توازن
barrera (f)	ḥāǧiz (m)	حاجز
base (f) (~ científica)	asās (m)	أساس
categoría (f)	fi'a (f)	فئة
causa (f)	sabab (m)	سبب
coincidencia (f)	ṣudfa (f)	صدفة
comienzo (m) (principio)	bidāya (f)	بداية
comparación (f)	muqārana (f)	مقارنة
compensación (f)	ta'wīḍ (m)	تعويض
confortable (adj)	murīḥ	مريح
cosa (f) (objeto)	ʃay' (m)	شيء
crecimiento (m)	numuww (m)	نمو
desarrollo (m)	tanmiya (f)	تنمية
diferencia (f)	farq (m)	فرق
efecto (m)	ta'θīr (m)	تأثير
ejemplo (m)	miθāl (m)	مثال
variedad (f) (selección)	iχtiyār (m)	إختيار
elemento (m)	'unṣur (m)	عنصر
error (m)	χaṭa' (m)	خطأ
esfuerzo (m)	ǧuhd (m)	جهد
estándar (adj)	qiyāsiy	قياسيّ
estándar (m)	qiyās (m)	قياس
estilo (m)	uslūb (m)	أسلوب
fin (m)	nihāya (f)	نهاية
fondo (m) (color de ~)	χalfiyya (f)	خلفيّة
forma (f) (contorno)	ʃakl (m)	شكل
frecuente (adj)	mutakarrir (m)	متكرّر
grado (m) (en mayor ~)	daraǧa (f)	درجة
hecho (m)	ḥaqīqa (f)	حقيقة
ideal (m)	miθāl (m)	مثال
laberinto (m)	tayh (m)	تيه
modo (m) (de otro ~)	ṭarīqa (f)	طريقة
momento (m)	laḥẓa (f)	لحظة
objeto (m)	mawḍū' (m)	موضوع
obstáculo (m)	'aqba (f)	عقبة
original (m)	aṣl (m)	أصل
parte (f)	ǧuz' (m)	جزء

partícula (f)	ʒuz' (m)	جزء
pausa (f)	istirāḥa (f)	إستراحة
posición (f)	mawqif (m)	موقف
principio (m) (tener por ~)	mabda' (m)	مبدأ
problema (m)	muʃkila (f)	مشكلة
proceso (m)	ʿamaliyya (f)	عمليّة
progreso (m)	taqaddum (m)	تقدّم
propiedad (f) (cualidad)	xaṣṣa (f)	خاصّة
reacción (f)	radd fiʿl (m)	ردّ فعل
riesgo (m)	muxāṭara (f)	مخاطرة
secreto (m)	sirr (m)	سرّ
serie (f)	silsila (f)	سلسلة
sistema (m)	niẓām (m)	نظام
situación (f)	ḥāla (f), waḍʿ (m)	حالة، وضع
solución (f)	ḥall (m)	حلّ
tabla (f) (~ de multiplicar)	ʒadwal (m)	جدول
tempo (m) (ritmo)	surʿa (f)	سرعة
término (m)	muṣṭalaḥ (m)	مصطلح
tipo (m) (p.ej. ~ de deportes)	nawʿ (m)	نوع
tipo (m) (no es mi ~)	nawʿ (m)	نوع
turno (m) (esperar su ~)	dawr (m)	دور
urgente (adj)	ʿāʒil	عاجل
urgentemente	ʿāʒilan	عاجلًا
utilidad (f)	manfaʿa (f)	منفعة
variante (f)	ʃakl muxtalif (m)	شكل مختلف
verdad (f)	ḥaqīqa (f)	حقيقة
zona (f)	mintaqa (f)	منطقة

www.ingramcontent.com/pod-product-compliance
Lightning Source LLC
LaVergne TN
LVHW051346080426
835509LV00020BA/3304